北京师范大学教育学部
FACULTY OF EDUCATION, BEIJING NORMAL UNIVERSITY

教师身心健康十讲

教师素养提升系列教材
中小学教师能力提升线上课程配套讲义
丛书主编 朱旭东

傅纳 / 主编

JIAOSHI SHENXIN JIANKANG
SHIJIANG

北京师范大学出版集团
BEIJING NORMAL UNIVERSITY PUBLISHING GROUP
北京师范大学出版社

图书在版编目(CIP)数据

教师身心健康十讲 / 傅纳主编. —北京：北京师范大学出版社，2025.6

(中小学教师能力提升线上课程配套讲义)

ISBN 978-7-303-29821-1

Ⅰ.①教… Ⅱ.①傅… Ⅲ.①中小学－教师－心理健康－健康教育－教材 Ⅳ.①G443

中国国家版本馆CIP数据核字(2024)第034212号

出版发行：北京师范大学出版社 https://www.bnupg.com
　　　　　北京市西城区新街口外大街12-3号
　　　　　邮政编码：100088
印　　刷：北京虎彩文化传播有限公司
经　　销：全国新华书店
开　　本：787 mm×1092 mm　1/16
印　　张：10.75
字　　数：170千字
版　　次：2025年6月第1版
印　　次：2025年6月第1次印刷
定　　价：55.00元

策划编辑：何　琳　　　责任编辑：孟　浩
美术编辑：焦　丽　　　装帧设计：焦　丽
责任校对：齐文嫒　　　责任印制：马　洁

版权所有　侵权必究

读者服务电话：010-58806806
如发现印装质量问题，影响阅读，请联系印制管理部：010-58806364

教师素养提升系列教材
中小学教师能力提升线上课程配套讲义

编委会

顾　　　问　顾明远

丛 书 主 编　朱旭东

丛书副主编　施克灿　李　芒　张婧婧　李玉顺

编委（以姓氏笔画为序）

马　宁　邓林园　冯婉桢　朱志勇　孙　益

李亦菲　杨玉春　吴　娟　余清臣　余雅风

宋　萑　陈　玲　郑永和　胡定荣　班建武

康永久　傅　纳　阚　维　薛二勇

本书编委会

主　编 傅　纳

编　者（以姓氏笔画为序）

丁翔宇　王　琰　朱春月　刘　欣　刘真珍

李　琳　张子寒　陈　尧　袁榕蔓　黄　强

甄志平　解晓晨

▶▶ 总　序

数智赋能　素养筑基
新时代教育强国战略下的教师发展路径

当今世界正经历百年未有之大变局，教育作为国之大计、党之大计，始终处于国家发展战略的核心位置。党的十九大曾明确提出"优先发展教育事业""培养高素质教师队伍"的战略目标。2024年，习近平在全国教育大会上指出，建成教育强国是近代以来中华民族梦寐以求的美好愿望，是实现以中国式现代化全面推进强国建设、民族复兴伟业的先导任务、坚实基础、战略支撑。为加快建设教育强国，实现到2035年建成教育强国的战略目标，《教育强国建设规划纲要（2024—2035年）》发布，为我国教育事业高质量发展提供了清晰的路线图。

在这一宏伟蓝图下，教师队伍作为教育生态的核心主体，其素养与能力的全面提升，已成为实现教育强国目标的首要突破口——强国必先强师，教师队伍建设是教育强国建设最重要的基础工作。当前，全球正处于科技革命与产业变革的加速期，人工智能、数字技术正深度重构教育生态，推动教育范式向人机协同、跨界融合的智慧教育转型。党中央将教育数字化上升为国家战略，党的二十大明确提出"推进教育数字化"的核心任务，强调构建泛在可及的终身教育体系。教师角色亟待从"传统知识传授者"向"创新教育引领者"转型。近年来，党和国家立足教育强国建设全局，对新时代高水平教师队伍建设做出系统部署，明确提出以教育家精神为引领、以师德师风为根基、以专业能力为核心的战略路径。在此背景下，《新时代基础教育强师计划》《教师数字素养》等政策文件，科学擘画了政治坚定、师德高尚、业务精湛、创新有为的新时代教师队伍发展蓝图，强调通过实施教育家精神强师铸魂行动，深化师德养成与价值引领。这些举措深刻诠释了教育强国背景下教师队伍建设的核心逻辑——以高质量师资支撑高质量教育生态，以专业化发展破解城乡均衡、学科适配等结构性难题，为实现"为党育人、为国育才"根本使命筑牢人才根基。

面对教育数字化转型与教师能力升级的双重需求，北京师范大学主动响应国家战略，充分发挥学术引领优势，自2020年起全面推进"互联网＋教育"改革创新工作，百门中小学教师教学能力提升线上课程建设项目就是这一背景下的重要工作。该项目立足"系统设计、分步实施、共建共享、实践导向"四大原则，构建覆盖教师职业全周期的三维课程生态，通过"阶梯计划"与模块化课程群，深度融合教育理论、学科重构与技术进阶，形成"职前奠基—职中精进—终身发展"的培养链。已建设的课程内容体系涵盖三大核心维度：教育理论与政策基础、教师素养与专业发展和教育实践与方法创新。每门课程包含至少10个专题的视频、配套教材及学习资源包，实现理论解析与教学实践深度耦合。本丛书通过跨学科专家团队与双平台协作，将理论成果转化为数字化解决方案，助力教师教育实现智能化、精准化升级，不仅为教师适应教育范式变革提供"数字罗盘"，还以动态升级的知识生态系统助力教育强国战略目标的实现。

本丛书的出版，不仅是北京师范大学"互联网＋教育"战略在教师教育领域的实践成果，还是助力我国教师队伍数字化建设、推动教育高质量发展、构建数字化教师发展体系的有力支撑。通过深度融合北京师范大学教育学部的学术积淀与一线教育经验，我们致力于构建一个持续迭代的数字化支持体系，精准对接教师专业发展的多样化需求。未来，我们将继续紧跟"人工智能＋教育"的前沿趋势，拓展课程内容的深度与广度，助力教师在智能技术融合中实现创新突破。期待本丛书能为教育工作者提供坚实的理论与实践支持，共同推动我国教育事业向更高水平迈进，为2035年教育强国目标的实现注入持久动力。

北京师范大学教育学部部长

2025年5月

▶▶ 前　言

党的二十大为全面建设社会主义现代化国家擘画了宏伟蓝图，并对建设教育强国、科技强国、人才强国做出了战略部署。教师作为教育高质量发展的首要资源，科技自立自强的核心支撑，以及人才队伍建设的坚实保障，肩负着培养未来希望的重大责任。因此，关注和呵护教师的身心健康显得尤为关键。"教师身心健康十讲"便是一门专为提升中小学教师身心健康水平而设计的课程。当课程讲稿结集成书时，我知道需要写一篇前言，这也是编辑何琳老师反复叮嘱我的事情。可直到我去参加女儿高三学年第一学期的家长会时才找到一些感觉。我清晰地记得，在那次家长会上，教师的话语中透露出深情与期待。他不仅分享了孩子们的学习进展，还展示了他们晚自习时的专注神情，以及与教师日常互动中的点点滴滴。这些内容是如此的生动与鲜活，真的是在某一瞬间深深地打动了我。我强烈地感受到教师对学生的那种炽热的爱，那是一种"毫无保留，要把最好的都给你"的浓烈的情感。他们正用自己的实际行动，诠释着教育家的精神。

我有时会在网络上看到，辅导功课时孩子惹父母生气，青春期的孩子们令父母头疼不已等报道。但中小学教师需要每天都不厌其烦地与这些孩子们打交道。绝大多数教师默默无闻地奉献着，他们不计较个人得失，不期待学生的回报，只专注于每天的教学与指导。这份无私的爱是他们坚守岗位的动力，也正是令我感动的地方。因此，怀着对中小学教师的敬意和对他们身心健康的深切关心，我荣幸地担任了中小学教师能力提升线上课程"教师身心健康十讲"的主讲教师，期望通过这门课程为维护和促进教师的身心健康发展贡献力量。

因为这门课程旨在提升中小学教师的身心健康水平，所以在课程内容设计方面尽量涵盖当前中小学教师常见的身心健康问题，在注重知识讲解的同时更注重技能的训练，希望借此课程帮助教师掌握一些促进其身心健康发展的技能。如果教师能够将课程中所教授的各种技能有意识地运用到自己的生活、工作中，必然能够助力他们热爱的教育事业。

这门课程及其教材的诞生，是集体智慧的结晶。每位作者都以其独特的视角和深刻的见解，为课程内容的丰富性和实用性添砖加瓦。本书各讲的作者为：第一讲傅纳、朱春月，第二讲傅纳、丁翔宇，第三讲傅纳、刘欣，第四讲傅纳、张子寒，第五讲陈尧，第六讲傅纳、解晓晨，第七讲傅纳、刘真珍，第八讲王琰，第九讲甄志平、黄强、李琳，第十讲袁榕蔓。傅纳负责课程和教材的总体框架设计、内容审订、文字修改及沟通协调工作。我们深知，尽管我们竭尽全力，但书中仍会存在不足之处。因此，我们诚挚地邀请各位专家和广大读者提出宝贵的意见和建议，帮助我们不断地改进和完善。

傅纳
2025 年 4 月

目录

001　第一讲　教师身心健康概述
一、教师身心健康的现状 / 002
二、健康的定义与标准 / 004
三、教师身心健康的影响因素 / 005
四、教师身心健康的维护与促进 / 008

014　第二讲　教师职业压力
一、中小学教师的职业压力现状 / 015
二、教师职业压力的定义 / 016
三、教师职业压力的产生 / 017
四、教师职业压力的影响 / 019
五、教师职业压力的调节 / 020

025　第三讲　教师压力相关成长
一、压力相关成长的定义 / 026
二、教师压力相关成长的表现 / 027
三、教师压力相关成长的发生机制 / 029
四、影响教师压力相关成长的因素 / 032
五、教师压力相关成长的促进方法 / 035

039　第四讲　教师职业倦怠
一、教师职业倦怠的定义 / 040
二、影响教师职业倦怠的因素 / 043
三、职业倦怠对教师的影响 / 045
四、教师职业倦怠的防范与降低 / 046

目录

051　第五讲　教师的情绪困扰及应对
一、教师常见的情绪困扰 / 052
二、情绪调节能力的提升 / 057

067　第六讲　教师复原力
一、教师复原力的定义 / 068
二、认识教师复原力 / 070
三、教师为何需要保持较好的复原力 / 073
四、如何提升教师的复原力 / 073

083　第七讲　教师角色冲突
一、教师角色冲突的定义 / 084
二、教师角色冲突产生的原因 / 087
三、教师角色冲突造成的影响 / 089
四、如何消除教师角色冲突的消极影响 / 091

096　第八讲　教师工作家庭增益
一、工作与家庭的滋养关系 / 097
二、工作与家庭的滋养关系的发生 / 100
三、获得滋养型的工作家庭关系 / 102

112　第九讲　教师身体健康的维护
一、教师身体健康与促进策略 / 113
二、教师常见嗓音疾病和嗓音保护 / 116
三、科学用嗓，保护声带 / 122

129　第十讲　教师职业幸福感

一、教师职业幸福感的现状 / 130

二、教师职业幸福感的定义 / 131

三、教师职业幸福感的影响因素 / 132

四、提升教师职业幸福感的方法 / 137

146　主要参考文献

第一讲
教师身心健康概述

本讲概述

本讲从对教师身心健康现状的介绍入手,讲授了健康的定义、健康的标准、教师心理健康的标准、教师身心健康的影响因素,概述了维护和促进教师身心健康的主要方法。

知识结构图

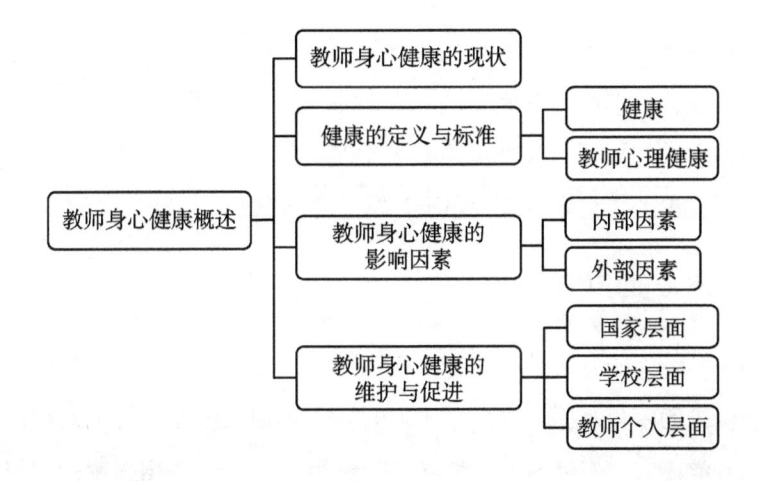

```
                    ┌─ 教师身心健康的现状
                    │
                    ├─ 健康的定义与标准 ─┬─ 健康
                    │                   └─ 教师心理健康
教师身心健康概述 ───┤
                    ├─ 教师身心健康的 ──┬─ 内部因素
                    │   影响因素        └─ 外部因素
                    │
                    └─ 教师身心健康的 ──┬─ 国家层面
                        维护与促进      ├─ 学校层面
                                        └─ 教师个人层面
```

学习目标

学完本讲,你应该能够做到:

1. 掌握健康的定义,掌握健康的标准。

2. 了解教师心理健康的标准。

3. 了解教师身心健康的影响因素。

4. 知道维护和促进教师身心健康的主要方法,树立主动进行自我照顾的意识。

读前反思

1. 对自己的身心健康状况进行评估。0 是非常糟糕，5 是非常健康，你给自己的身心健康打几分？

2. 在影响教师身心健康的各种因素中，对你影响较大的三个因素是什么？这三个因素给你带来了怎样的影响？

3. 你在日常的工作中会有意识地关爱自己的身心健康吗？你关爱自己身心健康的主要方法有哪些？

百年大计，教育为本；教育大计，教师为本。有好的教师，才能有好的教育。要建设一支高素质、专业化的教师队伍，教师的身心健康状况是关键。教师的身心健康状况不仅关乎其个人的发展、教育的质量，也关系到学生的健康成长与成才。习近平同志指出："一个人遇到好老师是人生的幸运，一个学校拥有好老师是学校的光荣，一个民族源源不断涌现出一批又一批好老师则是民族的希望。"身心健康是好老师的根基。因此，本讲旨在激发教师有意识地维护和提升自身身心健康的动机，帮助他们获得相关的知识、技能和方法，提高其维护和促进自身身心健康的能力，使其形成自觉、主动地将本讲所学用于日常生活的态度。

一、教师身心健康的现状

部分中小学教师的身心健康状况不容乐观。研究表明，中小学教师的心理健康水平远低于全国的平均水平，中小学教师的躯体化和焦虑程度是相对较高的。这可能跟教师的升学压力、生活压力、教学任务过重，以及一些高强度的在校工作等有关系（王庆，余衣，杨垠，等，2021）。

汪莉等人的调查显示，53.03%的教师的睡眠时间经常少于 7 小时；67.04%的教师存在消化不良或者食欲不振现象；75.95%的教师对流行病的抵抗力不高；32.26%的教师在教学过程中体力不佳；24.34%的教师的饮食规律有待加强。中小学教师职业病中出现较多的症状是咽喉炎、声带嘶哑，占 81.69%；颈椎病、肩周炎、腰肌劳损占 75.51%；头痛、失眠占 51.77%；干眼症占 49.53%（汪莉，王志辉，2015）。

傅小兰和张侃的《中国国民心理健康发展报告(2017—2018)》指出，中小学教师的心理健康水平低于大学教师的心理健康水平。

如果说上述调查结果更多是通过数字传递教师身心健康状况的，那么下面则通过两个案例具体化数字背后的细节，从而帮助大家更加深入地了解教师身心健康的现状。

案例一

一名学生到学校咨询室述说自己已经被诊断为"重度抑郁"，休学一学期后来复学。她说造成如此病情的诱因是她曾经的一位老师；这位老师对她的要求特别严格，让她很害怕。最后甚至一听到这位老师的声音，她就有惊惧反应，无法正常上学。这位老师虽然在学校一直有着较好的教学质量和声誉，但是她曾有一段时间经历了家庭的重大变故，情绪没有及时处理好就投入工作，从而对学生的情绪产生了不良影响。

案例二

一位初中数学教师说，在刚担任班主任时，她带了一个后进班，经常被焦虑和挫败的情绪困扰。时间长了，她便有了一些轻度抑郁的症状，回到家也影响到丈夫和女儿。这些负面情绪也波及了学生与教学工作。当时她对工作产生了深深的疲惫感与厌倦感。只要学生出现问题，她的第一反应便是学生又犯错、惹事了。在负面情绪的驱使下，她在处理学生问题时"简单粗暴"。几次下来，学生的对抗情绪也变得高涨。

无论是数字还是细节都在提醒我们，关注教师的身心健康状况刻不容缓。众所周知，教师职业有其特殊性，它是一个高认知、高情感消耗的职业。说它是高认知消耗，不仅是因为教师每天都需要进行备课、教学、批改作业等活动，还是因为他们需要为学生答疑解惑，既要解决学生在学习中遇到的各种问题，又要解决他们在成长中遇到的各种问题。说它是高情感消耗，是因为教师每天打交道的是有思想、有各种情绪反应的活生生的人。因此，有研究表明，作为一项人类服务职业，教师被认为比其他职业的压力更大,其主要原因包括努力回报失衡、自主权较低、社会期望高等。因此,该群体罹患身心疾病的概率明显高于其他行业的人群(Van Droogenbroeck, F. & Spruyt, B., 2014)。

也有观点认为,教师承受的心理压力并没有其他行业的从业者高,只是因为教师是一个有发言权且组织良好的职业群体,能够定义和讨论自身的感受,可能会让其看起来比从事其他职业的人受到的压力更大(Stansfeld, S. A., Rasul F. R., & Head, J., et al., 2011)。无论研究结果存在怎样的争议,但有一点是肯定的,即既然教师职业能被用来与其他职业进行比较,成为一个参照系,就彰显出该职业有其特殊性。

二、健康的定义与标准

(一)健康

世界卫生组织关于健康的定义是,健康乃是一种在身体上、精神上的完满状态,以及良好的适应力,而不仅仅是没有疾病和衰弱的状态(柯文,2010)。世界卫生组织还提出了关于健康的 10 条标准。

①精力充沛,能从容不迫地应付日常生活和工作的压力而不感到过分紧张。

②处事乐观,态度积极,乐于承担责任,事无巨细不挑剔。

③善于休息,睡眠良好。

④应变能力强,能适应环境的各种变化。

⑤能抵抗一般性感冒和传染病。

⑥体重得当,身材均匀,站立时头、肩、臂位置协调。

⑦眼睛明亮,反应敏锐,眼睑不发炎。

⑧牙齿清洁,无空洞,无痛感;齿龈颜色正常,不出血。

⑨头发有光泽,无头屑。

⑩肌肉、皮肤富有弹性,走路轻松有力。

上述标准既涉及身体健康,也涉及心理健康。2016 年,《关于加强心理健康服务的指导意见》指出,心理健康是人在成长和发展过程中,认知合理、情绪稳定、行为适当、人际和谐、适应变化的一种完好状态。

虽然我们了解了健康的定义,明晰了评估健康的维度,但若要得出健康的结论仍然是一件需要谨慎对待的事情。

（二）教师心理健康

本书着重介绍教师心理健康的定义。有专门针对教师心理健康进行研究的学者提出了教师心理健康的标准。可能有人会有疑问，教师首先是"人"，"教师"只是人所扮演的一类社会角色，为何教师不能采用普遍使用的心理健康的标准而要有单独的标准呢？俞国良等人认为，教师心理健康既有与社会大众的共通性，也有体现其职业的特殊性（俞国良，宋振韶，2008）。他们将教师心理健康的标准确定为如下几方面。

①对教师角色认同，勤于教育工作，热爱教育工作。
②有良好、和谐的人际关系。
③能正确地了解自我、体验自我和控制自我。
④具有教育独创性。
⑤在教育活动和日常生活中均能真实地感受情绪并恰如其分地控制情绪。

例如，当教师在课堂上面对不遵守纪律的学生时，他的负性情绪可能被唤起。他在感受到这些情绪的同时必须进行及时的调控，以保证接下来教学任务的完成。这并不是一件容易的事情。

不同的学者对教师心理健康标准的理解不同。吴思孝认为教师的心理健康标准包括如下几方面（吴思孝，2003）。

①热爱教育事业，胜任教学工作。
②有积极乐观的人生态度。
③有健全的人格和良好的个性特点。
④有较强的适应和活动能力。
⑤有和谐的人际关系。

从上述内容可以看出，虽然不同的学者对教师心理健康标准的表述不同，但其定义的趋势是一致的。

三、教师身心健康的影响因素

要想维护和提升教师的身心健康，就必须了解影响教师身心健康的因素有哪些，从源头抓起，从根本上解决问题。通过查阅和梳理文献，我们将影响教师心理健康的因素分为内部因素与外部因素。前者包括教师的教学效能感、复原力、职业认同、核心自我评价、人格特征等；后者包括教育政策变革、学校组织气氛、角色压力、师生关系、家校关系等，这里主要介绍角色压力、师生关系和家校关系。

（一）内部因素

1. 教学效能感

教学效能感是指教师对自己影响学生学习行为、学习成绩以及自身能力的主观判断。具有高水平教学效能感的教师呈现较低的职业倦怠(伍美群，冯江平，陈虹，2015)。有研究表明，教师的教学效能感与教师的教学态度、意象、行为及选择有关，并会影响学生的成绩。教学效能感高的教师对自己更有信心，心理健康程度更高(李卫星，2009)。

2. 复原力

面对相同的困境，为何一些教师的教学效能感低，产生职业倦怠？为何另一些教师却能"越战越勇"，对教育教学工作保持高度的激情与信心？目前有学者用复原力这一概念来回答这一问题。

复原力又称"心理弹性""心理韧性""抗逆力"等，是指个体在经历困境或创伤后仍然能恢复到良好适应状况的能力。研究表明，教师的复原力水平不仅会影响其自身的心理健康水平，还会影响其工作绩效水平，并且进一步影响学生的健康和发展(谢琴红，王沁，陈娅，等，2018)。

关于教师复原力，本书将在第六讲进行详细的介绍。

3. 职业认同

职业认同是指个体对其职业及内化的职业角色的积极的认知、体验和行为倾向的综合体。高水平的教师职业认同能够有效降低教师的倦怠感、减轻工作压力和减少离职意向，促进教师更加主动、自愿地提高专业知识和能力，使其成为一名优秀的教师(王光强，白卉，曾国权，2023)。

4. 核心自我评价

核心自我评价(Core Self-Evaluations，CSE)是由贾奇等人通过帕克的研究中对个人、他人和世界基本评价的定义，以及基于哲学和人格社会心理学等八个相关领域的研究结果所定义的。核心自我评价是个体对自身能力和价值做出的基本评价，并能潜意识地影响个体对自身的感知与看法(Judge，T.，Locke，E. & Durham，C.，1997)。核心自我评价是一种由自尊、控制源、神经质以及一般自我效能感四种方面整合而成的人格特质(杜卫，张厚粲，朱小姝，2007)。教师的核心自我评价能够有效、更稳定地对职业倦怠情况进行预测，从而对教师的主观幸福感以及心理健康有一定的积极作用。

5. 人格特征

人格特征是个人对他人的反应或与他人互动方式的总和，它常常被称为一个人所拥有的可测量的人格特质。众多研究发现，人格特征是影响职业倦怠的重要原因之一。教师是职业倦怠的高发人群(林丹华，陈晓晨，翟冬梅，2009)。法伯认为在美国有5%～20%的教师在某个时期会形成职业倦怠(Farber，B. A.，1991)。了解中小学教师的职业倦怠对提高中小学教师的幸福感有重要意义。因此教师不同的人格特征会影响教师的心理健康。

（二）外部因素

1. 角色压力

角色压力包括角色冲突、角色模糊和角色过荷。国内学者对教师的角色压力及其影响进行了研究，发现工作与家庭冲突是中小学教师工作满意度的重要影响因素(李小光，唐青才，2014)。

就教师与学生的关系而言，教师要扮演丰富多彩的多重角色，包括家长代理人和朋友、知己的角色，传道、受业、解惑者的角色，管理者的角色，心理调节者的角色等。对于社会来说，教师还有"民族素质提高者""社会楷模"等角色。与此同时，教师还有一个身份，那就是"普通人"。他们有自己的家庭生活，也有自己的喜怒哀乐。众多的角色叠加在一个人身上，共享着诸如时间、精力等有限的资源，极大可能会使教师陷入多种角色冲突。关于教师角色冲突，本书第七讲将进行深入阐述。

2. 师生关系

师生关系是指教师和学生在日常教学与交往中，为了维持和发展教育教学关系而形成的一种联系，包括认知、情感和个性等关键的心理关系(张磊，2003)。

一项基于全国3万多位中小学教师的调查发现，师生关系影响着教师社会幸福感的获得，亲密和谐的师生关系必然会让教师获得更高水平的幸福感体验（邓涛，等，2022）。

3. 家校关系

家校关系是指青少年在接受教育的过程中，家长与学校形成的沟通、交往与合作关系（易琴春，2010）。

研究发现，家长对学校工作的不理解、不配合，以及家长不合理的期望是教师心理的重要压力源（李春良，文萍，2019）。

当前很多家长能够意识到教育是教师和家长双方的责任，会主动与教师进行沟通，积极配合教师的工作。这减轻了教师的心理压力和工作负荷。但还是有些家长跟教师的配合度很低。例如，一位中学教师在访谈中提到有的家长常常联系不到，有的家长还会给学校和教师施加压力。因此，这位教师常常感到无助又无奈。

四、教师身心健康的维护与促进

教师的身心健康不仅关系到教师自身健康、生活幸福与家庭幸福，而且关系到学生的发展与成长。教师较差的健康状况和较高水平的抑郁症状可能会导致其在工作中表现不佳，还可能会影响学生的健康和造成学生的心理困扰。教师较高的幸福感与学生较高的幸福感存在显著的正相关。拥有较高幸福感的教师，其所教授的学生有较少的心理困扰和较高的主观幸福感水平（Harding, S., Morris, R., & Gunnell, D., et al., 2019）。鉴于此，全社会都应重视教师身心健康的维护与促进。

如何维护与促进教师的身心健康呢？我们将从国家、学校、教师个人三个层面进行论述。这三个层面构成了一个系统，即国家层面的宏观系统、学校层面的中观系统、教师个人层面的微观系统。

（一）国家层面

我国素有尊师重教的传统。党的十八大以来，以习近平同志为核心的党中央高度重视教师队伍的建设问题，在不同场合多次强调教师工作的重要性。

国家应通过制定相关政策，真正让教师成为令人羡慕的职业。在2016年教师节前夕，习近平同志视察其母校北京市八一学校时说，各级党委和政府要满腔热情关心教师，让广大教师安心从教、热心从教、舒心从教、静心从教，让广大教师在岗位上有幸福感、事业上有成就感、社会上有荣誉感，让教师成为让人羡慕的职业。2018年，《中共中央 国务院关于全面深化新时代教师队伍建设改革的意见》发布，对如何培养高素质教师队伍、如何强化师德师风建设以及提高教师待遇和社会地位等做出顶层设计和明确要求。该意见指出，要采取措施真正让教师成为令人羡慕的职业。2018年，习近平同志在全国教育大会上强调，全党全社会要弘扬尊师重教的社会风尚，努力提高教师政治地位、社会地位、职业地位，让广大教师享有应有的社会声望。

相关政策的制定保障了教师地位待遇的不断提高，切实解决了教师生存和发展的问题，真正做到了让教师能够安心工作。科学合理的教师薪酬体系对于满足教师个体的基本生活需要、体现教师的个人价值、维护教师的职业尊严以及激发教师的内在活力与潜力，提高教师的工作积极性、主动性和创造性都有重要作用。《中共中央 国务院关于全面深化新时代教师队伍建设改革的意见》明确提出，完善中小学教师待遇保障机制。健全中小学教师工资长效联动机制，核定绩效工资总量时统筹考虑当地公务员实际收入水平，确保中小学教师平均工资收入水平不低于或高于当地公务员平均工资收入水平。完善教师收入分配激励机制，有效体现教师工作量和工作绩效，绩效工资分配向班主任和特殊教育教师倾斜。

相关政策的制定推动了现代学校制度的不断完善，从而促进了教师的身心健康。建设现代学校制度，完善内部治理机构，健全议事规则和决策程序，突出教师的主体地位，切实落实教师在办学模式、育人方式、资源配置、人事管理等方面的知情权、参与权、表达权和监督权。加强编制管理，健全教职工补充长效机制，保证充足的人员配备，减轻教师的工作压力，让他们在工作之余细细品味生活的美好。

（二）学校层面

作为中观层面的学校可以通过营造和谐健康的组织气氛、建立有效的预防和干预机制来维护和促进教师的身心健康。

学校组织气氛是指一种持久的内部心理特征，能够使学校之间有所区分且影响成员的行为（潘孝富，孙银莲，2002）。学校组织气氛包括管理气氛、人际气氛、教学气氛和学习气氛四个方面。管理气氛是指管理者所采用的管理方面的方式方法，有民主与专制、灵活与严肃之分。人际气氛是指学校内部教职工之间相互对待的作用关系。良好的人际气氛表现在教学科研等过程中合作和谐的工作方式。教学气氛是指教师采用的教学风格。比如，教师采取高超的教学艺术，会激发学生的学习动机，吸引学生的注意力，使教学效果变好。学习气氛是指学校整体的学习态度。学校呈现勤奋好学、积极主动、刻苦钻研、严肃认真和持之以恒等积极向上的学习风气，学生的学习效果好，教师的心理健康水平自然也会较高。有研究表明，在具有协作性和支持性的学校气氛中工作的教师辞职的可能性更低（Agyapong，B.，Brett-MacLean，P.，& Burback，L.，et al.，2023）。开放性的学校组织气氛能够积极影响教师的自我导向学习能力和创造性教学行为（蔡群青，2020）。领导对教师的支持和关心在教师倦怠干预中具有特殊意义，能有效降低教师的情感衰竭和人格解体（王芳，许燕，2004）。

  我们还可以通过如下方式创设良好的学校组织气氛：确保学校的政策清晰和准确地传达给教师，以便教师有一个清晰的理解，然后去执行；教授生活技能，给教师提供相关的、持续的专业发展机会，使他们能跟上学校和政策的变化；明确教师所需要的技能，并提供经费资助教师培训；确保教师能够从学校管理者、同事那里得到清晰的反馈，让教师意识到自己是因为哪些突出的贡献而被褒奖；应当注意到教师提出的微小的、与工作无关的要求，诸如应由工作人员完成填表这类耗损精力的事情；当教师有能力、有动机履行组织角色时，给予教师参与教室以外的学校活动的机会；还要让教师有开发课程、与同事一起讨论学校政策的时间。

  建立有效的预防和干预机制可以通过下述途径来实现：定期对教师的身心健康状况进行筛查；安排专门的时间、空间为教师提供身心健康服务；利用专业化模式帮助教师提升心理健康水平。

  员工救助计划（Employee Assistance Program，EAP）已被证实是一种有效的专业化促进员工心理健康的模式。它通过专业团队，运用心理学、管理学、法学等知识，为组织提供评估、诊断、咨询、辅导及培训等服务。它旨在帮助员工及其家庭成员发现和解决各种心理和行为方面的问题，是能够提升员工的工作、生活质量的一套系统、长期的福利体系。员工救助计划可以在学校中实施以帮助促进教师的身心健康。一项研究通过运用压力管理、情绪管理、睡眠管理、职场人际关系培训、婚姻与家庭指导等EAP技术对干预组进行心理支持，对对照组仅给予一般性支持。研究发现，干预组教师的焦虑、抑郁等症状都有明显的改善。

（三）教师个人层面

教师是维护和促进自身身心健康的主体。在本书中，我们主要侧重教师个人层面，并教授一些教师自我保健的方法。试想一个问题，相对而言人是改变自己容易一些还是改变别人容易一些？想必大多数人的回答都是改变自己相对更容易一些。显而易见，如果大多数教师都有做自我身心健康主人的意识并愿意付诸行动，无数个人的涓涓细流就有可能汇聚成磅礴的力量，推动着国家、学校制定出更有利于教师成长、发展的政策。

教师作为维护和促进自身身心健康的主体应具备相应的主体意识和技能。主体意识是指教师必须有自我照顾的主体意识。自我照顾，顾名思义是指自己照顾自己，保护自己不受外界因素的伤害。20世纪末，有研究者对自我照顾进行了初步的研究，将自我照顾分为身体、精神、心理、情感、专业几个领域。其具体表现为如下三点，即我值得、花时间、有方法。我值得是指教师要逐渐形成、树立我值得被我自己照顾的信念。在生活中我们经常会听到教师说"等忙完了这段时间，我要去……"，但我们似乎总也忙不过这段时间，结果就是我们不能进行自我照顾。忙好像成了教师无法进行自我照顾的主要理由。究其原因还是教师没有形成"我值得被自己温柔呵护"的自我照顾意识。当一个人树立了这样的意识，他就会愿意花时间来做这样的事情。人们有这样一种误区，总觉得进行自我照顾就必须花整块的时间。其实不然，只要每天或定期抽出三五分钟的时间就足以进行自我照顾。鉴于教师工作的特点，本书后面所介绍的自我照顾的方法都是用时较短但效果较好的。教师只要坚持做就会有所获益，掌握维护和促进自身身心健康的多种方法与技能。在成为更好的教师之前，教师必须先更好地成为自己。这意味着教师要为自己的需求腾出时间，好好照顾自己，避免陷入日常的奔忙之中。

寻求专业的心理咨询与治疗的帮助也是自我照顾的有效途径。心理咨询与治疗都是在良好的咨访关系的基础上，由经过专业训练的咨询或治疗者运用心理咨询与治疗的有关理论和技术，对来访者进行帮助的过程，以消除或缓解来访者的问题或障碍，促进其人格健康、协调发展。有些人对心理咨询与治疗存在认识上的误区，认为前来寻求心理咨询与治疗帮助的人是病人，是不正常的人，是不健康的人。其实不然，健康本就是一个连续体。不同的个体只是处在该连续体的不同位置上，不存在绝对的健康的人与不健康的人。因此，每个人都可以主动寻求心理咨询与治疗的帮助。这是智者的行为，因为他们意识到自己的问题是需要通过外界专业性的帮助才能更好地解决，同时他们能获得人格方面的成长。所以，教师可以通过寻求心理咨询与治疗的帮助维护和提升自身的身心健康水平。

人们经常说，教师是太阳底下光辉、神圣的职业。他们维系着千百万孩子的健康成长，维系着千百万家庭的幸福快乐。人们在赞美教师辛苦劳动的同时经常将其比作园丁、春蚕、蜡烛、人类灵魂的工程师等。这些荣誉的背后反映的是教师无私的奉献与默默的付出。因此，教师更应该好好地照顾自己，因为自己是值得被这样照顾的。只有拥有了健康的体魄和心理，教师才能够为自己热爱的教育事业健康工作每一天，才能够真正享受教师职业生涯的每一天！

本讲小结

本讲就教师身心健康的内容进行了概述。首先，介绍了当前教师身心健康的现状。其次，在介绍了健康的定义与标准的基础上引出了教师心理健康的标准。最后，重点介绍了影响教师身心健康的内外部因素，在此基础上引出了如何提升教师的身心健康水平。特别是教师个人，作为自身健康的第一责任人必须有自我照顾的信念，肯为自己花时间，并且掌握一定的方法。

本讲关键词

教师心理健康　身心健康的维护与促进　自我照顾

进阶思考

1. 除了改变自己的想法之外，你还有哪些通过调整生活方式来实现自身情绪调节的方法？
2. 你在平时生活中有哪些促进身心健康的好习惯？

提升练习

1.【判断】通过压抑的方式进行情绪调节是一个有效的情绪调节方式。（　　）

答案：错误

2.【判断】调控自己情绪的核心就是改变自己的想法、看法。（　　）

答案：正确

3.【多选】以下关于ABC理论的说法哪些是正确的？（　　）

A. A是指诱发性事件，包括过去、现在、将来

B. B是指个体在遇到诱发事件之后相应而生的想法，即个体对这一事件的看法、解释和评价

C. C是指在特定情境下个体的情绪及行为的结果

D. A不能直接引起C，A只能通过B引起C

答案：ABCD

第二讲
教师职业压力

本讲概述

本讲先介绍了中小学教师的职业压力现状，在此基础上介绍了与教师职业压力相关的内容，最后详细介绍了教师如何应对自身压力并提高心理健康水平。

知识结构图

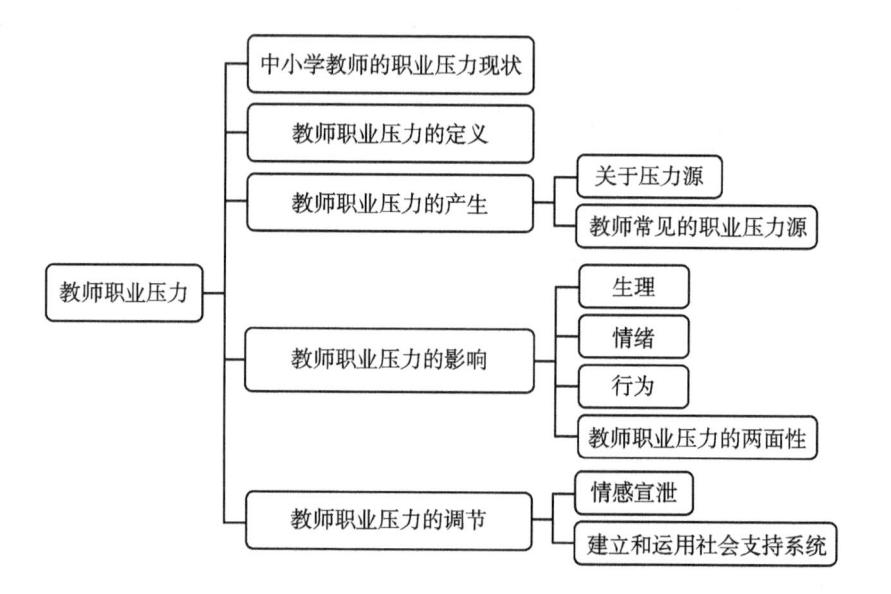

```
                         ┌── 中小学教师的职业压力现状
                         ├── 教师职业压力的定义
                         ├── 教师职业压力的产生 ──┬── 关于压力源
                         │                        └── 教师常见的职业压力源
          教师职业压力 ──┤                        ┌── 生理
                         │                        ├── 情绪
                         ├── 教师职业压力的影响 ──┼── 行为
                         │                        └── 教师职业压力的两面性
                         │                        ┌── 情感宣泄
                         └── 教师职业压力的调节 ──┴── 建立和运用社会支持系统
```

学习目标

学完本讲，你应该能够做到：

1. 了解教师职业压力的定义。
2. 了解教师常见的职业压力源有哪些以及对教师身心健康的影响。
3. 了解教师职业压力的两面性，并清楚压力调节的目的是将唤醒水平与情境匹配。
4. 能够使用情感宣泄与建立和运用社会支持系统的方法去应对压力。

> **读前反思**
>
> 1. 你知道"压力"是什么时候被用作心理学术语的吗？它的定义是什么？
> 2. 作为一名教师，你所面对和经历的职业压力都有哪些？它们给你带来哪些影响？这些影响都是消极的吗？
> 3. 当你在日常的生活和工作中感到压力过大时会怎么办？你有哪些应对压力的技能和方法？

"压力"一词于大多数教师而言是生活和工作中的高频词。职业压力是教师主要的压力，是影响教师心理健康的重要因素。高水平的工作压力会导致教师职业倦怠的出现，预测教师的离职倾向(Rajendran，N.，Watt，H. M. G.，& Richardson，P. W.，2020)。本讲将聚焦于教师职业压力这一主题，对此进行深入阐述。

一、中小学教师的职业压力现状

教师教学国际调查项目(TALIS)首次在2018年对全球范围的中小学教师进行了工作压力及其来源的调查。调查发现，部分教师指出在工作中感受到一定的压力，并且压力会对自己的身心健康状况产生影响(朱雁，2020)。

如果说TALIS的调查结果只是一组抽象的数据，那么下面可以通过一个案例来对教师的职业压力现状有一个更加直观的认识。

> 李老师是一位女教师，今年33岁。她在一所中学教授物理，同时担任班主任工作。在一次全市公开课结束之后，她突然大哭，感觉近乎崩溃。无论同事怎么劝慰，她的情绪都一直很糟糕、很消沉。这是因为准备公开课以及长时间累积的压力没得到及时调节和疏解。

2019年，教育部发布的2019年工作要点明确提出要营造教师安心、静心从教的环境，并对目标、任务、工作措施做了详细表述。这表明为中小学教师减负已被纳入国家教育主管部门的政策议程。教师的职业压力问题受到了全社会的普遍关注(付睿，2019)。

二、教师职业压力的定义

何谓压力？相信对于大多数人而言，第一次听说压力一词应该是在物理学科中。1936年，加拿大生理学家汉斯·塞利首次将压力一词引入心理学领域。

之后"压力"一词被广泛用于社会科学领域当中。汉斯·塞利认为，压力是一种综合表现状态，是个体面对具有威胁性的刺激情境时，伴有躯体机能以及心理活动改变的一种身心紧张状态，也称应激状态。让我们通过一个例子来掌握压力定义的本质，即压力的核心是一种身心紧张的状态。如何理解呢？比如，某天几位教师吃过午饭后在学校操场上散步。他们的一位同事看到了他们，想跟他们开个玩笑。于是他悄悄地跟在几个人后面。直至距离很近时，他突然拍了一下前面某位教师的后背。被拍的教师吓了一跳，她对自己的同事说："哎呀，你吓坏我了，吓得我心都咚咚直跳。"这就是一个典型的压力反应过程。在此过程中，这位教师不仅体验到了恐惧的情绪（吓坏我了），也感受到了心脏咚咚跳。这是一种生理的反应。从这个例子不难看出，在任何一个压力反应的过程中，我们的身体和心理都会参与其中，并且身体和心理会同时受到影响。

1978年，柯礼柯夫和苏利夫在《教育评论》中发表了一篇关于教师职业压力的文章，提出了"教师职业压力"一词。此时有关压力的研究才与教师这一职业领域发生了关联。两位学者将教师职业压力定义为一种不愉快的、消极的情绪经历，如生气、焦虑、紧张、沮丧或失落；这些都是由教师职业引起的（Kyriacou, C. & Sutcliffe, J., 1978）。

在两位学者首次提出"教师职业压力"一词后，许多学者都对其进行了研究，并且从他们的研究视角给出了相应的定义。例如，国外学者认为，教师职业压力指的是因教师职业而引起的生理、情感和心理的变化（Boyle, G. J., Borg, M. G., & Falzon, J. M., et al., 1995）。国内学者也对教师职业压力开展了大量研究并基于此提出了相应的定义。例如，孟丽丽等人认为，教师职业压力是教师由工作导致的，如工作压力大、学生行为不端等所引起的疲劳过度、挫折感等消极情感体验（孟丽丽，司继伟，徐继红，2006）。

三、教师职业压力的产生

压力产生于压力源。在生活、工作中所遇到的压力源可能存在于个体自身，也可能存在于环境中。个体自身的压力源也称内因性压力源，包括痛苦、疾病、罪恶感、不良自我概念等；环境的压力源也称外因性压力源，包括热、冷、噪声、灾害等刺激情境。但是，人类主要的压力源是人际关系。

教师职业具有这样一个特点，就是需要面对和处理的人际关系种类比别的职业多。教师不仅要处理基本上所有职业都要面对的同事关系，还要处理和学生、家长的关系。心理学研究表明，人际关系是人类压力的主要来源。因此教师的职业压力是有其特点的。

（一）关于压力源

1. 躯体性压力源

躯体性压力源是指通过对人的躯体直接发生刺激作用而造成身心紧张状态的刺激物，包括物理的、化学的、生物的刺激物。这一类刺激是引起生理压力和压力的生理反应的主要原因。比如，今天天气降温，而教室的暖气坏了，室外的温度已经接近0℃，但是室内又没有暖气。教师和学生虽被冻得瑟瑟发抖但还要继续上课。寒冷直接作用在人的皮肤系统上，给师生带来了这种身心紧张的状态。又如，可能有的教师有过因吃了有问题的食物而出现上吐下泻的经历。有问题的食物作用在人的肠胃系统上，就会给人带来身心紧张的状态。

2. 心理性压力源

心理性压力源是指来自人们头脑中的紧张性信息，如心理冲突与挫折、不切实际的期望、不祥预感，以及与工作责任有关的压力和紧张等。从这个定义可以看出，心理性压力源跟我们自己有关。比如，某所学校选拔三位教师参加市里举办的教学基本功大赛。三位教师感受到的紧张程度可能存在差异。这与他们怎么想、怎么看参加比赛这件事有关。一位教师的想法为："我尽全力就好。有很多老师帮我一起准备，不管结果怎么样都是一个学习的过程。在这个备赛的过程中，我的教学能力以及我对教学的理解肯定会有很多变化和长进。"另一位教师可能会认为："如果这么多老师帮我一起来努力,我还不能取得一个好的成绩怎么办?"第三位教师可能会觉得:"我是学校选拔出来的,那说明我是有一定实力的。我一定要好好准备。"由于三位教师对同一事件的想法不同,他们感受到的紧张程度就会不一样。因此,我们说心理性压力源与个体有关。由于每个人头脑中的紧张性信息不同,因此体验到的紧张程度就有差异。又如,教师在日常工作中会遇到各种类型和特点的学生。在面对学生出现的各种问题时,有的教师会思考:"我有些什么需要改进的地方?面对学生的这个问题,我可以再做些什么来帮助其有所改变、有所成长?"有的教师可能会想:"我做不了什么。学生他好就是好,他就是很聪明,他就是很用功。就算我什么都不做,他也会学得很好。"这位教师就是把学生的成败或者可能出现的一些问题都归因于外部,认为自己是无法控制的。而前一位教师还在思考自己可以做些什么以帮助学生出现好的转变。两位教师不同的想法就会给他们自身带来不同的压力感受。这便是心理性压力源与个体有关的原因。

3. 社会性压力源

社会性压力源是指造成个人生活方式的变化并要求人们对其做出调整和适应的情境与事件。社会性压力源小到个人生活中的变化,大到生活中的重要事件。比如,某位教师搬了新家,导致他每天上班的路线都要改变。可能就是这样一个小小的变化,这位教师必须做出调整和进行适应。又如,新教育政策的出台,像"双减"政策、《国务院办公厅关于新时代推进普通高中育人方式改革的指导意见》的实施等,都需要教师在工作、生活等方面进行适应与调整。这些都属于社会性压力源。

4. 文化性压力源

常见的文化性压力源便是文化性迁移,即从一种语言环境和文化背景进入另一种语言环境和文化背景。有些教师会认为此种压力源与自己无关,其实并不是如此。例如,一位教师因工作调动,离开了原来所在的学校而进入新学校。在新学校,这位教师可能在与领导、同事互动和与学生和家长互动方面和原来的学校相比存在很多的不同。这位教师在新学校需要了解、感受和适应新的环境,形成不同的互动模式。在此过程中,这位教师所体验到的压力就属于文化性压力源。我们常说的"入乡随俗""约定俗成",这个"俗"字可以说是文化性压力源的一种体现。

（二）教师常见的职业压力源

国外教师常见的职业压力源有时间管理、工作因素、职业忧虑、纪律与动机、专业投入、情绪症状、疲劳症状、心血管症状、工作负担、多重角色、学生成就压力、学生行为等。这里面有跟教师自身有关的，如情绪症状、心血管症状；也有跟环境有关的，比如说工作因素（Romano T.，2016；Cancio，E.J.，Larsen，K.，& Mathur，S.R.，et al.，2018）。

国内教师常见的职业压力源中排在第一位的就是学生因素，然后是学校管理因素、工作特征因素、社会及家长因素、职业发展因素、人际关系因素、个人及家庭因素和担心升学率因素（杜娟，2016）。这里面同样包括环境因素、学生因素，以及自身因素和家庭因素。

四、教师职业压力的影响

（一）生理

有些疾病与压力有关；压力导致身心失调，进而引发疾病；与压力有关的疾病常发生在神经系统、呼吸、心肺和内脏四个身体系统上；压力因素占有很高比例的疾病包括高血压、胃溃疡、偏头痛、肥胖、哮喘、癌症等。

教师群体中患有咽炎、颈椎病、静脉曲张、腰背病、偏头痛、高血压等疾病的人数远远高于其他人群。这与其职业特点和所要应对的职业压力有关。

（二）情绪

职业压力会使教师患抑郁症的概率偏高，会让教师变得情绪低落，对日常活动丧失兴趣，精力明显减退，出现没有原因的持续疲劳，言语动作迟钝，易被激怒，自觉思考能力显著下降等。此外，职业压力还会导致教师患焦虑症的可能性增加。教师可能会出现持续性精神紧张，惊恐不安；或常伴有躯体不适，如头晕、胸闷、心悸、呼吸困难等；或是想去做一件事，又怕做不好而出现多虑的情绪。

（三）行为

教师如果长时间承受过大的工作压力，不仅会对教育工作失去热情，影响教育教学质量，而且会厌恶、恐惧教师职业，表现出明显的离职倾向。教师职业压力还会导致教师的消极行为增多，如行为冲动、情感失常、抽烟、酗酒、怠工、旷工等。这些行为还常常会在教师之间被相互强化，进而影响整个学校的风气。

（四）教师职业压力的两面性

压力并不是只有消极的一面。塞利将压力分为负性压力（distress）或者正性压力（eustress）。负性压力可以使个体产生一种不愉快、消极痛苦的体验，具有阻碍性；正性压力则可以使个体产生一种愉快满意的体验，具有挑战性，可以促进个体的成长和职业发展。比如，在工作中要面对一个新的任务，个体感觉到充满了挑战。这种挑战激起了他的斗志，他就在想着要不断把它做好。这个就是一种正性压力。

此外，压力也会为个人带来成长。这将在后面详细讲解。

五、教师职业压力的调节

既然教师的职业压力是无法避免的，那么在其对教师造成消极影响时就要思考如何进行调节，将其对教师的负面影响降至最低。在讲授教师调节压力的方法前需要先澄清一个问题，即何为压力调节。有些人存在如下一个认识误区，即压力调节就是让人时刻感到放松，无紧张感，长期处在一种松弛的状态下。其实不然，压力调节的实质是让个体神经活动的兴奋程度与其所要面临的情境匹配。是何意思呢？请看图 2-1。

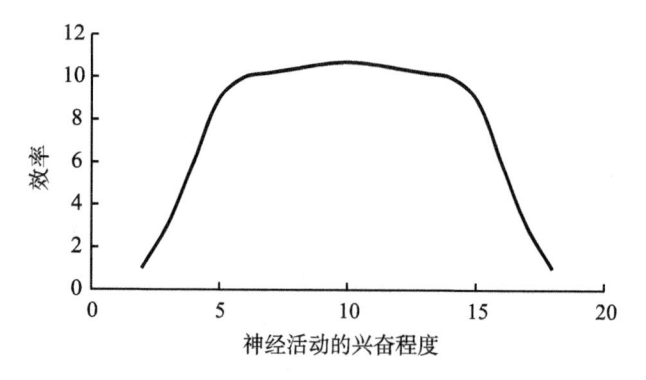

图 2-1 人的神经活动的兴奋程度与效率的关系

图 2-1 中横坐标是唤醒水平，是指人的神经活动的兴奋程度；纵坐标则是效率，可以是工作效率或者学习效率等。图 2-1 所呈现的就是人的神经活动的兴奋程度与效率的关系。从图 2-1 中不难发现，神经活动的兴奋程度越低，效率也是越低的。

例如，某位教师早上睡眼惺忪地来到学校。试想一下，如果该教师以这样一种状态给学生授课，授课效果会如何？如果神经活动的兴奋程度越高，效率会怎样呢？答案是，效率同样会很低。又如，在日常教学中，有教师会说："其实我们班某同学平时学得挺好，但就是一考试就紧张，考不出好成绩来。"这就是神经活动的兴奋程度越高，效率越低的典型示例。

众所周知，人长时间处在紧张状态，即长时间处在图 2-1 横坐标的右侧，会对身心健康带来消极影响。但如果长时间处在图 2-1 横坐标的左侧，即长时间处于放松状态下是否就好呢？其实也不然。心理学通过大量研究得出结论，即完全脱离压力就等于死亡。所以人长时间处在一种非常放松的状态下，也会对身心健康产生消极影响。这一结论与古人所说的"生于忧患，死于安乐"如出一辙。所以，压力调节的本质是让神经活动的兴奋程度与所面对的情境相匹配。比如，某位教师需要录制一节课，他必须让自己的神经活动适度地兴奋起来，即我们所说的有一定的紧张度，从而保证课程录制的效果。又如，当快要迎来寒假时，教师可以将自己的神经活动的兴奋程度向图 2-1 横坐标的左侧调整，即让神经活动的兴奋程度降下来，变得放松起来，与放寒假休息的这种状态相匹配。当新的学期即将开始时，教师可以将自己的神经活动的兴奋程度向图 2-1 横坐标的右侧调整，与即将开始的新学期和面临的新任务匹配起来。这反映的就是压力调节。

接下来介绍两种常用的压力调节的方法：一是情感宣泄，二是建立和运用社会支持系统。

（一）情感宣泄

根据宣泄理论，人不应该压抑自己的情感，而应该把它表达出来。宣泄对于人的心理健康具有积极的意义。心理学家认为，一个经历了创伤事件的人，如果能够同别人谈自己的经历和情感，对心理健康和正常生活的恢复是非常有帮助的。但有时候，一个人并不愿意与他人谈及自己的经历与情感。究其原因主要是害怕自己所表达的被评价。例如，在学校评职称的过程中，某位教师并没有如愿以偿地被评为高级教师。他觉得很恼火、不舒服。如果他与别人谈及他对这件事情的看法、感受等，听者可能会说："不是还有好几个人都没有评上吗？你为什么要想这么多？""与别人相比，你这次能跻身候选人行列已经很不错了，还有什么可难受的。"可见，诉说者的情绪感受没有被理解,反而被他人说不知足等。所以,有时候诉说者就失去了宣泄的欲望。又如,人们常说"家丑不可外扬"。当某位教师家里出了一些状况,抑或工作中遇到一些阻碍等时,更多的时候是将这些事情以及与之有关的情绪感受存放在心里,不予外人道,长此以往是有损身心健康的。

每个人都有自己宣泄情感的途径和方法,但在宣泄情感的过程中要杜绝出现宣泄污染的现象。所谓宣泄污染就是胡发乱泄,以伤害自己、伤害他人、破坏环境的方式进行宣泄。例如,教师在学校与学生、家长之间发生了一些不愉快的事情,教师在回到家后向孩子发脾气。有些教师可能会认为自己肯定不会用伤害自己或他人的方式进行宣泄。但在有些时候,宣泄情感的尺度和界限并不好把握。又如,某位教师说,当自己情绪不好和有压力的时候,就喜欢把家中的衣服都拿出来进行清洗,洗完之后就会感觉情绪得以舒缓。

这里介绍一种通过书写来宣泄情绪的方法。在 15 分钟内,请大家写下让自己感到有压力的经历以及相关的情绪。如果可能的话,这些围绕压力事件的经历和情绪是我们没有和别人详细谈论过的。在写作过程中,希望大家能真正探索内心深处关于压力事件的情感和想法。对大家唯一的要求就是在 15 分钟内不间断写作。如果大家不知道写些什么,那就简单地重复一遍,或者试着写得更详细一些。在写作中,请不要担心拼写、语法或句子结构。相反,希望大家把所有的思想和情绪都集中在经历的压力事件上。如果大家觉得这种方式在尝试之后适用于自己,那就可以准备一个本子。每当有压力的时候,就进行这样的书写表达。下面有一位教师便采用此种方法。

在这位教师上公开课的时候,学生当场提了一个问题,他并没有回答上来。这令他感到心里很不舒服,给他带来了很大的压力。于是他采用了这种书写的方法进行了宣泄。他写道:"这些感受对于我来说很好,因为它们已经被压抑了很长时间。我现在感觉好多了。""虽然我最终在日记中写了很多看似负面的东西,但实际上它让我感觉自己内心非常强大、有能力、能理解、变得专注和轻松。"

(二)建立和运用社会支持系统

人们对社会支持的研究由来已久。19 世纪末,法国社会学家涂尔干发现社会关系网络的丧失是自杀的重要原因之一。此后,流行病学家、精神病学家和心理学家对社会支持与身心健康的关系进行了大量研究(邵海艳,徐晓宁,2008)。国内研究者施建锋等人提出,社会支持指的是当某人有需要时,来自他人的同情和资源的给予(施建锋,马剑虹,2003)。这种同情和资源的给予是能够满足个体的需要的,从而达到缓解个体各类紧张的目的。社会支持对工作压力的作用模型有主效应和缓冲效应之分。主效应模型认为,社会支持对个体的工作和健康有直接影响。缓冲效应模型认为,社会支持在应激条件下与个体身心健康产生联系,能够缓冲压力事件给个体身心状况带来的负面影响。研究发现,社会支持作为一种工作资源有助于教师应对负向情绪。教师获得的社会支持越多,他们的职业倦怠水平越低。同时,社会支持在教师的职业压力与职业倦怠之间起部分中介作用,即社会支持缓冲了压力事件对身心状况的消极影响,从而保持与促进个体的身心健康(谢正立,邓猛,李玉影,等,2021)。

下面是美国的一个心理学研究。研究人员每年对多位60岁以上的老年人进行三次访谈。访谈发现,如果老年人在过去的一年中失去过同龄人并且有较少的社会交往,情绪就比较低落。是否有一个可交谈的人对这种相关关系有着巨大的影响。是否有一个可交谈的人就是社会支持的一个指标。

这个研究还得出了其他的结果,包括如下几方面。

①如果一个人有一个可交谈的人,那么即使减少社会交往,也不会产生抑郁情绪。

②如果一个人没有一个可交谈的人,同时减少社交活动,得抑郁症的可能性就非常大。

③一个失去配偶七年但有一个可交谈的人,比一个虽然有配偶但无人可谈的人的情绪还要好。

④在那些有可交谈的人当中,失去配偶的人得抑郁症的只比没有失去配偶的人多10%。

⑤在失去配偶而无人可交谈的人当中,有四分之三的人得了抑郁症。

⑥无人可交谈、未失去配偶的人有一半患有抑郁症。

通过这个研究,我们看到了社会支持的重要性。

本讲讲授了两个缓解压力的方法,分别是情感宣泄与建立和运用社会支持系统。希望大家在感受到压力的时候,能够主动有意识地运用这些方法来帮助自己。愿每位教师都能学会健康应对压力的方法,努力让压力成为成长的资源。

本讲小结

　　本讲就教师职业压力进行了讲解,在介绍了中小学教师职业压力的现状以及教师职业压力的定义、产生、影响后,重点讲解了应对职业压力的方法。为了帮助教师更好地掌握,在介绍每种方法时都增加了具体事例。教师需要在日常工作、生活中有意识地使用这些方法,在使用中更好地了解自己,提升力量,做一位专业水平高且身心健康的教师。

本讲关键词

教师职业压力　　压力源　　情感宣泄　　社会支持

进阶思考

　　本讲详细介绍了应对职业压力的方法。请选择适合自己的方法,思考如何在工作和生活中练习。

提升练习

1.【判断】教师的职业压力源只来源于周围的环境。（　　）

答案：错误

2.【判断】教师的职业压力不仅有消极影响,也有一定的积极影响。（　　）

答案：正确

3.【多选】以下哪些因素可能有助于教师应对职业压力？（　　）

A. 被人尊敬和认为是有价值的

B. 找人聊天

C. 写下让自己感到有压力的经历和情绪

D. 想怎么宣泄就怎么宣泄

答案：ABC

第三讲
教师压力相关成长

本讲概述

本讲主要介绍了压力相关成长的定义、教师压力相关成长的表现、教师压力相关成长的发生机制、影响教师压力相关成长的因素,最后详细介绍了教师压力相关成长的促进方法。

知识结构图

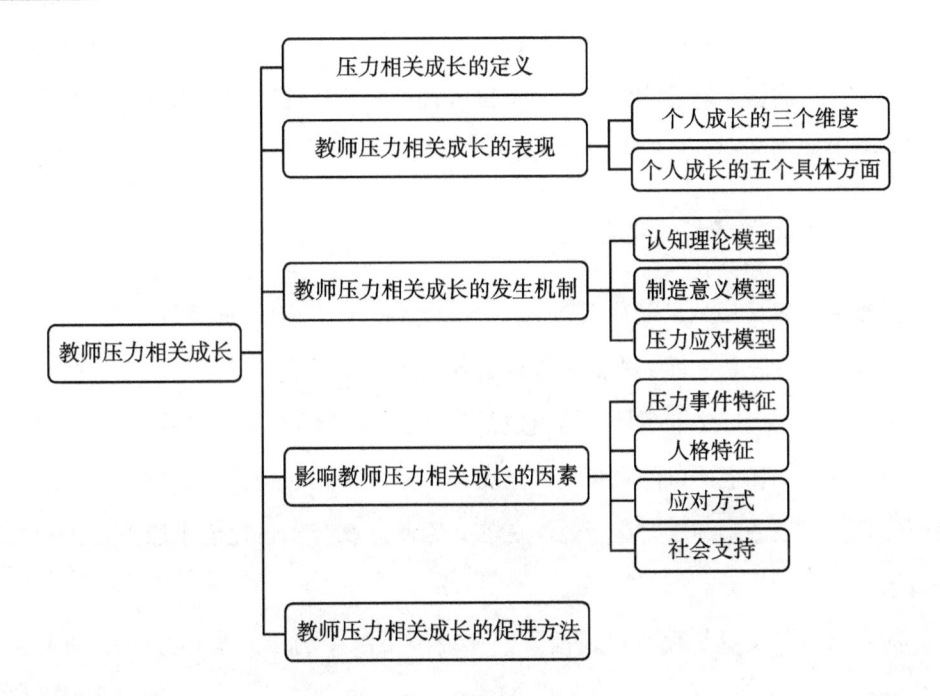

```
                    ┌─ 压力相关成长的定义
                    │
                    ├─ 教师压力相关成长的表现 ─┬─ 个人成长的三个维度
                    │                          └─ 个人成长的五个具体方面
                    │
                    │                              ┌─ 认知理论模型
教师压力相关成长 ───┼─ 教师压力相关成长的发生机制 ─┼─ 制造意义模型
                    │                              └─ 压力应对模型
                    │
                    │                              ┌─ 压力事件特征
                    │                              ├─ 人格特征
                    ├─ 影响教师压力相关成长的因素 ─┤
                    │                              ├─ 应对方式
                    │                              └─ 社会支持
                    │
                    └─ 教师压力相关成长的促进方法
```

学习目标

学完本讲,你应该能够做到:

1. 了解压力相关成长的定义。
2. 了解教师压力相关成长的表现。

3. 了解教师压力相关成长是如何发生的。

4. 了解影响教师压力相关成长的因素。

5. 掌握教师压力相关成长的促进方法，促进自我的压力相关成长。

读前反思

1. 你在学习本讲之前听说过"压力相关成长"一词吗？当你第一次听到这个词时，你会想到什么？

2. 在学习本讲之前，请先思考压力带给自己的成长有什么？

3. 在你的认识中，"压力相关成长"与上一讲的正性压力有什么区别？

在上一讲介绍教师职业压力带给教师的各种影响时谈到了正性压力，可以看到，压力不仅会对人有消极影响，也会有积极影响。压力对人的积极影响不仅体现在使个体产生一种愉快、满意的体验和具有挑战性的体验，还能促进人的成长。这也是本节所要讲述的内容——"教师压力相关成长"。

一、压力相关成长的定义

压力相关成长是从创伤后成长（posttraumatic growth）一词衍生出来的。因此，在介绍压力相关成长之前，先简要地讲解什么是创伤后成长。创伤后成长指的是在与具有创伤性的负性生活事件和情境进行抗争后所体验到的心理方面的正性变化。

在生活中，我们不可能频繁地去经历诸如亲人离世、重大的自然灾害、公共危机事件等，但生活中的压力是无处不在的。因此，就有学者提出了压力相关成长这一概念。

何为压力相关成长呢？它是指人们在经历生活中的压力事件后发生的积极变化（Park，C. L.，Cohen，L. H.，& Murch，R. L.，1996）。"积极的变化可以从痛苦和忧虑中来"这一想法植根于早期的哲学和宗教著作中。人们一般更多关注压力事件所带来的消极后果。然而，许多经历过压力事件的人都表示，他们所经历的压力事件使他们获得了相关的成长（McMillen，J. C.，Smith，E. M.，& Fisher，R. H.，1997；Tedeschi，R. G. & Calhoun，L. G.，1996）。

二、教师压力相关成长的表现

在谈及压力相关成长这一话题时，有一点令人好奇，即如何知晓一个人获得了压力相关成长呢？下面就详细介绍个体获得压力相关成长时的表现。

（一）个人成长的三个维度

1. 社会资源增强

因压力使个体跟朋友、家人的关系变得更加亲密，社交网络得到扩展等就是社会资源增强的体现。例如，张老师加入了当地的名师工作室参与学习。除了日常教学工作以外，他还要完成工作室所需要的各种活动任务。虽然很忙碌，但是切实的参与让他能够与更多优秀的教师进行交流学习，扩大了他专业交往的圈子。

2. 新的应对技巧

压力相关成长的另一体现就是促使个体获得新的应对技巧。例如，一位教师写道："我既担任学校德育主任，又担任班主任。开始的时候我感到手忙脚乱。后来我学习到了新的应对方式。第一，做好规划，有序推进；第二，加强自我素养提升，提高教学效率；第三，巧妙安排，加强统筹；第四，自我约束，打卡监督。纵然工作再忙，我一直把健康视作第一要素。睡觉前要留出一些时间进行自我照顾，让自己的内心平静下来。这样才能让自己第二天有一个好的状态投入工作。"

3. 自我资源增强

自我资源增强也是压力相关成长的一个表现，诸如变得更加自信，对自我的认识和理解朝着一个更加积极和健康的方向发展。比如，刘老师是一位新手教师。在新课程改革和刚毕业缺少工作经验的双重压力下，她在工作前几周始终无法进入工作状态。在领导和有经验教师的带领和鼓励下，她能够更富有成效地进行学习。她把握住每一次听课、研讨的机会，在集体备课中、在与有经验教师的交流中、在与学生的互动中进行学习，在自我的反思当中总结收获与不足，总结成功与失败。这一切都为她以后的专业成长打下一个非常重要的基础，让她对自己充满了信心。

（二）个人成长的五个具体方面

有研究者认为，人们经历许多类型的创伤后能在五个领域获得压力相关成长：心灵变化、重新欣赏生活、新的可能性、个人力量的增强以及改善与他人的关系（Taku, K., Cann, A., & Calhoun, L. G., et al., 2008）。

1. 心灵变化

教师的工作有时比较繁杂忙碌。比如，赵老师一心扑在自己的工作当中，疏忽了对自己家庭的经营。在经历了亲人生病去世后，她重新思考生命的意义，意识到工作和家庭需要平衡。她开始将家人放到了更重要的位置，尽量多与家人有质量地相处，多对家人表示关心。

2. 重新欣赏生活

在过去几年，大家处于一个前所未有的不确定的时代，也给教育教学带来了极大的挑战。经历几年的适应成长，教师在全面恢复线下教学后更能够对如今正常的教学生活多了一些欣赏与珍惜。

3. 新的可能性

管理好一个班级需要花费很多心思。比如，洪老师通过几年的班主任工作的摸索、锻炼，所带领的班级被评选为区里的模范班级。她感慨道："以前以为自己还是个小孩，只能管好自己。但经过这些事情，我发现自己比想象中更强大。"

4. 个人力量的增强

教师个人力量的增强体现在多个方面。比如，高老师日常面临着许多除了教学之外的工作，也需要参加各种技能大赛，如学科论文、教学设计、说课、微课等比赛。在备赛的过程中，高老师需要花大量的时间和精力去准备。高老师反映说自己像个陀螺在连轴转，感到压力很大，感到很疲惫，睡眠时间不足。但是在这个过程当中，高老师通过紧张的备赛学习到了更多的新技能，提升了自己的专业水平。

5. 改善与他人的关系

教师在工作中必然需要与学生家长建立良好的关系，教师的人际关系也成为教师工作压力的来源之一。比如，新入职的陈老师因为某些误会而被家长投诉。她感到非常委屈，但是她并没有气馁，而是去加强学习与家长沟通的策略、了解投诉原因、经常与家长保持沟通。不久之后，陈老师得到了许多家长的信任与好评。

成长会在许多领域同时发生，但是不一定体现在所有的领域，很有可能只发生在其中一个领域或者两三个领域。不管怎样，任何一个领域的改变都会带来其他领域的变化，因为这些领域是相互影响、相互联系的。

请大家对照着上述五个方面想一想自己过往的经历，思考自己是否出现了这些成长的迹象。选择自己生活中经历的一段困难情境或者近来的压力体验，可以思考：自己收获了什么益处？自己生活中的哪些方面因为它变得更好？因为要应对它，自己在哪些方面发生了积极的改变？

譬如说在"新的可能性"这一点上，可以问问自己：在经历了这个压力后，自己在生活方面有了哪些积极的改变？是否设定了新的目标？是否花时间做了以前没想过的事情？是否找到了新的目标？能不能利用自己的经验帮助他人？

又比如说在"重新欣赏生活"这一点上，可以问问自己：是不是更加享受每天的生活？是不是花更多的时间和精力在那些让自己感到快乐或对自己更重要的事情上？

三、教师压力相关成长的发生机制

压力相关成长是如何发生的呢？不同学者提出了不同的见解，在此介绍如下三种模型。

（一）认知理论模型

认知理论模型认为，成长产生于创伤或压力对我们世界观的破坏和改变(Janoff-Bulman，R.，1989)。每个人都有自己对生活、对周遭世界的人和事的认识与理解，都有自己的信念和世界观。而当一个人长时间处在压力事件中，抑或某一压力事件对其冲击太大时，都可能会导致个体对自我、他人、周围环境的认知产生一种"地震性"的改变。为什么用"地震"来进行类比呢？这是因为"地震"一词形象地描述了外部事件给个体内部世界造成的剧烈影响。这种影响就犹如发生了强烈地震一般。这种震动即使是等级较低，也有可能扰乱一个人的核心信念，也有可能会粉碎一个人对世界(仁慈、公平)和自身(自尊、控制性)的核心信念。因此在这个过程当中，个体就需要主动改变或者重新配置自己的世界观、信念，从而能够更好地适应和更准确地反映创伤事件或压力事件后的新现实。这些修正后的信念也就是认知处理后的信念更加符合现实，在此过程中更好地促进了个体压力相关成长的发生。例如，任老师在刚入职的时候正好遇到"双减"政策实施。这对于他来说是一个极大的挑战。他开始思考："双减"政策实施后他要怎样利用课堂时间帮助学生有效地掌握知识？要怎样给学生布置作业以巩固课堂所学？怎样的教学评价能客观地反映学生的真实学习情况？一个一个问题扑面而来。任老师感到焦虑、烦躁，觉得自己制订的教学计划全部被打乱了。过了一段手忙脚乱的日子后，他认识到"双减"政策实施又不是他一个人要面对的问题，是所有教师都要面对的。他问自己："我的教学计划是不能变化的吗？"于是他开始寻求改变，主动与有经验的教师进行沟通，向他们学习，调整自己的教学计划，利用各种机会提升自己的专业能力，使自己更好地适应新政策所带来的各种变化。

"双减"政策的出台给任老师带来了一定的压力。他通过改变自己的认知以适应新变化，在适应的过程中获得了成长。

（二）制造意义模型

制造意义模型认为通过幸存者重新评估他们的经历，从消极事件中寻求和发现有无积极的意义；成长就源于这个创造意义的过程。在此过程中，人们会反复将自己暴露于事件经历中，并尝试通过创伤或者压力经历去帮助自己达成更完整的理解。例如，当个体在面对某一压力事件或者思考该压力事件时，他会倾向于去寻找、发现这一压力事件的积极意义。比如，它能够锻炼我们处理事情的能力，它能够给我们带来全新的体验，它是我们生命中不同的一段经历等。这就是赋予意义。

20世纪90年代的一项经典研究提供了一个在日常压力中培养意义思维的极佳方式。该研究的被试是斯坦福大学的一群学生。他们同意在寒假时写下一些记录，但记录内容有所不同。一些学生被要求写出他们认为重要的价值观，以及日常活动与这些价值观的联系；另一些学生被要求写出发生在他们身上的好事。在为期三周的寒假结束后，研究人员收集了所有被试的记录并对他们进行了访谈。那些写出价值观的学生更健康，精神状态更好。在寒假期间，他们较少生病，其他健康问题也较少。返校后，他们对自己应对困难的能力也更为自信。写出价值观，对那些在寒假时经受了较大压力的学生来说，有较为积极的影响。研究人员分析了学生提交的记录，试图弄明白写作任务为何如此有帮助。研究结论是，关于价值观的写作帮助学生看到了生活的意义。压力体验不再仅仅是必须承受的困扰,也成为学生价值观的表达。带年幼的兄妹出行,反映了学生对家庭的重视;申请做实习生,是学生迈向未来目标的一小步。对于那些被要求在日常活动中发现深刻价值的学生来说,可能令人烦心的小事却变成了有意义的时刻。

(三)压力应对模型

根据压力应对模型,个体在应对心理压力的过程中有三个主要的步骤:一是认知评估,即个体对压力源影响的主观评价是怎样的;二是识别应对资源,即当面临压力时,自己有哪些可以帮助应对的资源;三是发展应对策略,即当要去处理压力源时,自己有什么有效的应对方法。第一步会首先评估压力源的严重程度和个体心理承受能力的关系。有三种对压力源的评价,分别是挑战、威胁或伤害。有一些研究发现,当压力源被评价为挑战时,其与更高的成长水平相关;而在那些将压力源评价为威胁或伤害的被试中,则无人提到压力源带给其益处。当评估完压力源后,处在压力下的个体自然而然就会去寻找有没有可用的资源去应对已经存在的压力源。泰勒和斯坦顿将这些资源按照个人内部和个人之间两个方面进行了分类(Taylor, S. E. & Stanton, A. L., 2007)。个人内部的资源包括个人倾向,如自尊、感知能力、复原力。个人之间的资源也就是人际资源,是个人可以获得的社会支持来源,如家人、朋友以及专业人士的帮助。这些能够在促进压力相关成长的过程中发挥关键作用,为个人提供更安全地表达与自身压力事件相关的感受和想法的机会(Cohen, S., 2004; Riley, L. P., LaMontagne, L. L., & Hepworth, J. T., et al., 2007; Tedeschi, R. G. & Calhoun, L. G., 2004)。在应对策略方面,应对压力的时候有人会选择积极的方式,有人会选择消极的方式。成长结果的质量很大程度上取决于所采用的应对策略的类型。使用积极应对策略(如以问题为中心的应对、积极的重新解释、接受和寻求社会支持)的人会比采用消极应对策略(如回避或逃避)的人获得更高水平的个人成长。此外,还有一些研究发现,积极的应对策略(积极重构、积极再评价、意义创造等)可以帮助个人更积极地解释消极的生活事件(如癌症、失去家人),从而获得更高水平的压力相关成长(Armeli, S., Gunthert, K. C., & Cohen, L. H., 2001; Park, C. L., Cohen, L. H., & Murch, R. L., 1996; Urcuyo, K. R., Boyers, A., & Carver, C. S., et al., 2005)。例如,学校实施"双减"政策，要求教师进行分层作业设计。这无疑会增加教师的工作量。有些教师会将其视为"挑战"，有些教师会将其视为"威胁"。对于应对资源，有些教师会通过寻求学校老教师的帮助或者借用网上名师课堂资源等进行学习；有些教师会选择向家人、朋友进行倾诉。对于应对策略，有些教师会选择积极、主动地应对，提高自己的问题解决能力；有些教师会选择抱怨、消极逃避等方式。

四、影响教师压力相关成长的因素

同样的压力源为什么对有些人就会构成危险，而对有些人就会带来成长呢？哪些因素会影响压力相关成长的出现呢？从上面三个模型不难看出，压力事件特征、人格特征、应对方式、社会支持是教师压力相关成长的主要影响因素。

（一）压力事件特征

压力事件特征主要是指压力事件是什么类型的，压力事件的严重程度是怎样的，压力事件发生的时间是否会有影响。例如，邓老师作为刚入职的新手教师面临着缺乏教育教学经验的问题。对于她而言，这是件令她感到压力很大的事情；与此同时她还需要照料生病住院的母亲。她感到分身乏术、焦头烂额，常常难以入眠。挺过这段时间后，当其再回首的时候，她觉得这是一段非常宝贵的经历，使她在很多方面都有所收获和成长。

压力事件特征的这三个因素与压力相关成长呈现相关关系。事件的严重性、个体自身的保护特征以及个体社会环境的保护特征相互影响，并影响个体应对压力斗争的过程和结果。事件越严重，个体对成功应对此类逆境的需求就越大。也就是说，压力生活事件的严重程度越高，压力相关成长水平就越高。我们可以用认知理论模型对此进行解释。一个压力生活事件的严重程度越高，该事件就有可能对个体先前的信念系统或者世界观产生更大的影响。这样个体可能为了使自己能够匹配新的压力经历，就会主动重构先前对于自我、对于世界、对于未来的假设。在这个过程当中，个体也会为了生存而拼命地进行斗争。这就为我们的成长提供了更多的动力。对于压力事件的类型是否会影响压力相关成长，在一项针对青少年进行的为期18个月的追踪研究中发现，经历不同的创伤事件后，青少年成长的方面会有所不同（Ickovics, J. R., Meade, C. S., & Kershaw, T. S., et al., 2006）。在关于压力事件的发生时间方面，研究结果并不一致。有学者认为事件发生时间与成长没有关系（Park，C.L.，Cohen，L.H.，& Murch，R.L.，1996；Tedeschi，R.G.& Calhoun，L.G.，1996）。也有学者认为，成长需要一定的时间，成长的积极方面只有在一定时间过后才能凸显它的适应价值。

（二）人格特征

自尊是一种能够对自身产生多种影响的稳定而统一的人格品质，是个体对自己的欣赏、重视和认可程度(张亚利，李森，俞国良，2019)。高自尊的个体不仅问题解决能力强，也拥有更加令人满意的人际关系，并且会更专注于积极的应对策略。他们在面对压力事件的时候不容易气馁，能够更多聚焦于问题解决的过程；他们具有较好的情绪调节能力，鲜少被情绪左右。因此，他们更容易获得压力相关成长。

积极乐观的心态、外向的特征也被认为是压力相关成长的促进因素。外向型人格通常是指具有乐观、健谈、社交和自信的特征。这些特征有助于帮助人们更加积极地去解释自己的压力生活事件，解释自己的过去、现在和未来，也会促使人们关注生活中积极的一面。

教学效能感是教师在教学活动中对其有效地完成教学工作、实现教学目标的一种能力的知觉和信念。也就是说，教师有这样一个信念，即相信自己的教学能力和专业知识能够影响和帮助学生。这种信念表现出了教师对自身教学能力的自信程度。教师如果具有较高的教学效能感，能够在面对压力和逆境的时候获得相应的成长。

（三）应对方式

应对是一种管理人与环境关系的认知和行为的能力。通常应对方式被分为两类：一类是以问题为中心的应对方式，另一类是以情绪为中心的应对方式。以问题为中心的应对方式就是通过积极地处理问题来最小化或者改变面临的压力情境，譬如对事件重新评估、积极地搜寻信息、做计划和采取行动。根据学者的研究，如果一个人试图发展新的人生观，在紧张的生活事件之后，通过积极的解释重建现有的图式就有可能获得自身的成长。此外，积极地处理问题也会促进个体自我效能感和自信心的提高，因此获得成长的可能性就会变大。以情绪为中心的应对方式包括积极调节与压力情境相关的情绪困扰，譬如寻求情感支持、专注于情境的积极方面等。这两种应对方式在概念上是不同的，但在大多数压力情况下都是有效的。

在困难中发现益处的人，对未来更有希望，对处理当前压力的能力也更自信。进而，他们更愿意采取积极措施处理压力，更好地利用社会支持。他们也较少依赖逃避策略，甚至他们的生理压力反应也会不同。

（四）社会支持

社会支持通常是指社会各方面包括父母、亲戚、朋友、组织等所给予个体的精神或物质上的帮助和支持系统。社会支持包括情感支持、工具性支持和信息支持。情感支持是指向他人表达关心与爱意；工具性支持是指提供财力帮助等物质资源支持；信息支持是指向个体传达赞扬或肯定的信息。研究证明，社会支持是促进压力相关成长的积极因素（杨春慧，戴晓玉，冯江平，等，2016）。例如，一个关于癌症患者样本的研究表明，亲密和安全的关系有助于促进个体产生积极的情绪，随之而来的是个体可能会认识到自己疾病的积极方面。亲密和安全的关系可以促进个体对生活的积极认知、重新评估以及促发积极情绪和行动倾向。此外，人们可以在和重要他人分享自己的感受和想法，并以更积极的方式重新解释自己的处境时，形成一种转变的真实感，从而体验到自己的成长（Taku, K., Cann, A., & Calhoun, L. G., et al., 2008）。有学者认为社会支持是作用于压力事件和个体主观评价的中间环节。如果个体主观感受到社会支持的存在，那么其对于压力事件或情境的伤害性评价会减少，更有可能将压力视为挑战而不是威胁。社会支持还能够提高个体的应对效能感，使个体更自信地应对压力事件。

师生关系是教师社会支持系统的重要组成部分。和谐的师生关系会对教师的心理健康和职业发展产生深远的影响。良好的师生关系可以为教师提供情感支持。与学生之间的和谐亲密关系既能够让教师感受到被尊重，也能够让教师体验到工作带来的成就感和自我价值感，进而获得愉快的情绪情感体验，最终将其转化为积极的动力推动完成工作。这种和谐亲密关系也能够降低教师对压力的反应程度，促进其更好地获得压力相关成长体验。

五、教师压力相关成长的促进方法

从根本上说，压力是生活的组成部分，人并没有办法完全逃脱，就如同人无法避免一些自然灾害一样。然而，有些人会为了回避压力而筑起高墙，拒绝体验生活，因噎废食；还有些人试图用这样或那样的方法麻痹自己以逃避压力。虽然规避风险是人类的本能，但是如果逃避和回避成为个体应对压力、困境的习惯性模式的话，问题就只会成倍地增加。压力、困境等不会自行消失。当想要屏蔽它们、从中逃离的时候，那些令人想要屏蔽、逃离或者被掩盖起来的部分，可能恰是人们继续学习、成长、改变和疗愈的力量。正视压力、困境等通常是解决问题的唯一方法。而正念就是能够帮助我们学习和实践拥抱压力、困境的有效途径。

正念能够帮助我们感受到力量，帮助我们更好地活在当下，更好地面对生活中诸多的不确定性，更好地获得成长。正念是通过有意识地、非批判地注意当下而形成的感受。它是一种科学的心理训练，是将注意力专注于当下，并以一种开放、好奇和接纳的态度，觉察当下身心的体验。正念练习不拘泥于某种特殊的形式或练习姿势。只要我们此刻的状态符合正念定义的 3 个要素——有意识的、非批判的、专注于此时此刻的，我们就处在正念之中。其实我们每个人都拥有正念的能力。它能够培育我们对当下觉察的能力，让我们把批判放在一边，或者至少让我们对评判是如何经常发生在我们身上保持觉察。

本讲将介绍三步呼吸空间方法，通过合适的频率练习该方法将有益于教师获得压力相关成长。第一步是感受当下，即通过有意识地观察，意识到自己头脑中的念头、情绪的状态以及身体的感觉。这么做并不是要停止或者改变任何事，而是去允许和承认。第二步是关注呼吸，通过有意地将注意力转移到正在进行呼吸的身体感觉上，让注意与当下的身体联结，培养专注能力。在这个过程中我们可能会分心，这是非常自然的过程。我们要能够发现分心，然后带着耐心一次又一次将注意转移回来。第三步是扩展身体，即通过有意地将注意力扩展到整个身体，意识到全身起伏变化时的感觉。这就是在训练我们的觉察能力。下面是具体的指导语。

> 采取一个舒适的姿势，无论现在是站着还是坐着都可以。如果坐着，请注意双脚平放在地面上，两手自然地垂落在大腿两侧，去放松身体，后背自然地

挺直而不僵硬，颈部和头部自然地竖起来，下巴可以微微内收。体会一下这个姿势，让身体呈现出庄重、舒适而放松的感觉。如果躺着，双脚自然分开，两手自然地放在身体两侧，轻轻地闭上眼睛；也可以睁着眼睛，让目光柔和，视线自然地下垂。调整好姿势后，让自己开始感受当下。这是进入呼吸空间的第一步。

让我们花点时间，来探索一下这种感觉。开始让自己觉察内在的体验，对它开放，并轻声问自己：我现在所体验到的是什么？此刻有什么感觉？头脑里有什么念头？尽可能地让自己留意到这些念头，并允许这些念头存在，不去追赶或者改变已经存在的念头。同时心里知道它们只是一个念头，邀请自己像一个观众一样观看它们，只是观看但不卷入。也许可以想象，这些念头如写在水面上的文字，呈现了，又消失了。此刻又有什么样的情绪产生？对这些情绪保持开放，不论这些情绪给我们带来愉悦或者不愉悦，都没有关系。只要知道我们现在的心情是这样的，我们允许心情是这样的就好。然后留意现在我们的身体，感觉是什么样的？也许可以很快地将注意力从头转移到脚，觉察到身体是热的、冷的、放松的或者紧绷的。

现在，进入呼吸空间的第二步。请集中所有的感受，慢慢地将注意力放在腹部，放在呼吸给腹部带来的感觉上；觉察腹部随着呼吸一起一伏；感觉腹部在吸气的时候慢慢地鼓起；在呼气的时候慢慢地将肋骨往内向下沉；不需要改变呼吸的节奏，就只是将注意力放在腹部，只是感受呼吸带来的腹部的变化。不需要追求特定的感觉，也不需要改变任何已经改变的感觉。就只是跟随自己的注意力。保持全然的感受，深深地吸气、再深深地呼气，让呼吸带着自己安然地留在当下。

第三步是将我们对呼吸的感受拓展开来。除了感受呼吸在腹部带来的感觉之外，也感受身体的整体、姿势和面部表情，从内心里去感受这些。如果我们开始觉察到身体有任何的不舒服或者紧绷感，试着在每次吸气时温柔地将气息带到那些身体部位，呼气时带走不舒服或紧绷感。也许我们会在每次呼气时慢慢感觉到放松和舒缓。我们也可以在每次呼气时对自己说："它就在这里。不管那些感觉是什么，它已经在这里了。就让我感觉它吧。"现在尽可能地将这份宽广、浩瀚、接纳的感受带到一天里的每一个时刻。无论我们在何处，无论我们接下来要做什么，让这样的感受自然地展开……

现在缓慢地将双眼睁开或者将眼睛由下至上缓慢地移动，静静地去感受三步呼吸空间练习……

有研究证明，正念的方法能够促进人们创伤后的成长（董婷婷，张成帅，张志强，等，2018）。它能够改善人们的负性情绪，温和减压，促使人们重新认识生命，提高人们的生活质量。目前国内外已经有一些基于正念的提升教师心理健康的干预项目，以指导教师进行情绪调节和自我照顾。

当以正念的态度去经历当下每一件事情时，即使是压力，我们会更容易看到事物积极的一面，获得更好的成长，获得更多的幸福和快乐。

本讲小结

本讲就教师压力相关成长的内容进行了概述。首先，介绍了压力相关成长的定义；其次，介绍了教师压力相关成长的表现；再次，通过三个模型介绍了教师压力相关成长的发生机制，在此基础上引出了影响教师压力相关成长的因素；最后，提出一种教师压力相关成长的促进方法，促进教师更好地获得压力相关成长。

本讲关键词

教师　压力相关成长　应对　压力相关成长的发生机制　正念

进阶思考

通过以上的学习，回想近期你遇到的某个困境或压力体验，你能觉察到这个体验给你带来的积极结果吗？你认为压力相关成长的影响因素中，哪些因素对你影响最大？为什么？

提升练习

1.【判断】只要经历某个困境或压力情境,就能够获得压力相关成长。(　　)

答案:错误

2.【判断】在积极的师生状况下,良好的师生互动能直接促进教师获得压力相关成长。(　　)

答案:正确

3.【多选】以下关于三步呼吸空间方法的说法哪些是正确的?(　　)

A. 正念呼吸是把注意力放在呼吸上

B. 正念,即有意识地觉察、活在当下、不做判断

C. 三步呼吸空间首先要选择一个舒适的姿势,无论是坐着还是站着

D. 正念可以帮助人们提升睡眠质量、提高注意力等

答案:ABCD

第四讲
教师职业倦怠

本讲概述

本讲主要介绍了教师职业倦怠的定义、影响教师职业倦怠的因素、职业倦怠对教师的影响，最后详细地介绍了教师职业倦怠的防范与降低。

知识结构图

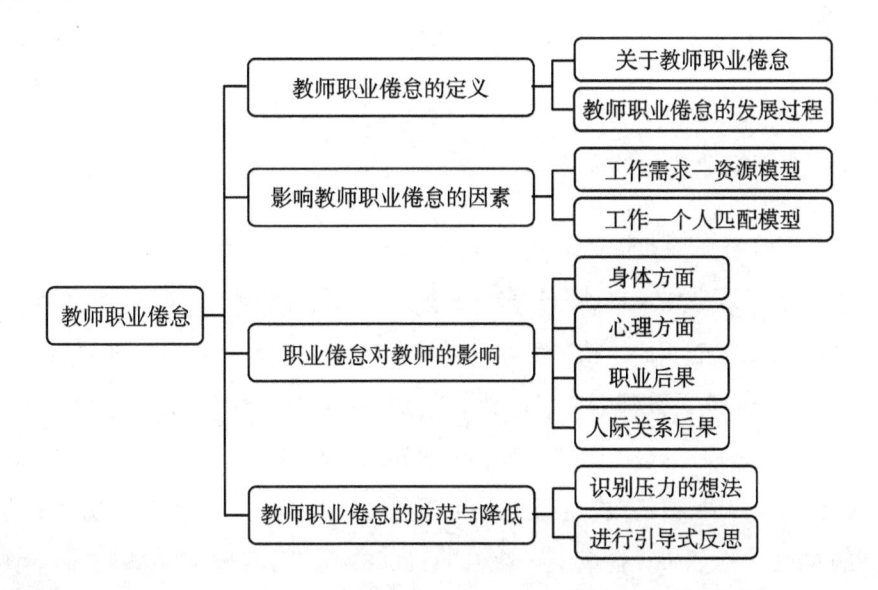

```
                        ┌─ 教师职业倦怠的定义 ──┬─ 关于教师职业倦怠
                        │                      └─ 教师职业倦怠的发展过程
                        │
                        ├─ 影响教师职业倦怠的因素 ─┬─ 工作需求—资源模型
                        │                         └─ 工作—个人匹配模型
          教师职业倦怠 ──┤
                        │                      ┌─ 身体方面
                        ├─ 职业倦怠对教师的影响 ─┼─ 心理方面
                        │                      ├─ 职业后果
                        │                      └─ 人际关系后果
                        │
                        └─ 教师职业倦怠的防范与降低 ─┬─ 识别压力的想法
                                                    └─ 进行引导式反思
```

学习目标

学完本讲，你应该能够做到：

1. 了解教师职业倦怠的定义、类型。
2. 理解影响教师职业倦怠的因素。
3. 了解职业倦怠对教师的影响。
4. 学会教师职业倦怠的防范与降低的方法。

> **读前反思**

1. 在学习本讲之前，你知道"教师职业倦怠"这一概念吗？你对它的理解和认识是怎样的？
2. 在日常工作中，你的身心健康方面出现过哪些不良状态？
3. 在日常工作中，你怎样预防自己出现职业倦怠？

"职业倦怠"一词对于许多教师而言并不陌生。对它的研究始于20世纪80年代初（伍新春，张军，2008）。教师职业倦怠是世界范围内教育领域深受关注的一个问题。教师是职业倦怠的易感人群，因为职业倦怠更容易出现在那些乐于奉献、承担义务的人身上。这些人不仅工作量大，而且工作时间长、工作压力大。教师职业倦怠不仅会对教学质量、教师队伍的稳定性造成巨大的冲击，而且会影响教师综合素质的提升，对学生的身心健康也会造成负面的影响。所以，这一问题必须引起我们的关注。

一、教师职业倦怠的定义

（一）关于教师职业倦怠

在讲解教师职业倦怠之前，先来了解教师职业倦怠的现状。在过去20年里，教师是一种压力很大的职业，教师有可能出现倦怠症状（Skaalvik，E. M. & Skaalvik，S.，2017）。一些新手教师经历了严重的职业倦怠，并在最初的三到五年内离开了教师岗位（Carver-Thomas，D. & Darling-Hammond，L.，2019）。一项对288名教师的调查发现，45.5%的教师表现出职业倦怠，其中14.6%的教师出现严重的职业倦怠（胡洪强，刘丽书，陈旭远，2015）。2006年，对西班牙马德里3所学校的71名中学教师进行的调查发现，10%～20%的教师经历过高度的倦怠，20%～40%的教师经历过中等程度的倦怠（Bermejo-Toro，L. & Prieto-Ursúa，M.，2006）。

职业倦怠是指人们长期不能顺利应对工作中的压力时产生的一种极端反应（Maslach，C. & Jackson，S. E.，1981）。它有如下三个表现：情绪衰竭、去人性化、低个人成就感。情绪衰竭是职业倦怠的核心成分，是由情绪过窄而导致的精神资源缺乏，属于个体的压力维度（陈琦，刘儒德，2019）；主要表现为对工作丧失热情，情绪波动过大，容易迁怒他人，极度疲劳等（Schneider-Levi，L.，Ganz，

A. B. ，& Zafrani，K. ，et al. ，2020)。例如，某位教师做了十几年的班主任，感觉自己每天都在做着同样的工作，逐渐对工作失去热情，在教学方面得过且过，对班里的学生也放任自流，期盼着换一个更好的工作。去人性化是对周围的环境抱有一种消极的态度，与他人的情感疏离，属于个体的人际维度；主要表现为教师以消极、冷漠、否定的态度对待自己的学生、同事和家人。例如，有的班主任由于班务繁杂、教学任务繁重而感到心情烦躁，此时如果再碰上学生上课时不认真听讲的情况，又或是看到教室里乱糟糟的场面就有可能突然发怒。低个人成就感是指教师由于缺乏外部资源或内部资源而无法产生理想的结果，属于个体的自我评价维度；主要表现为教师的个人成就感降低，自我效能感下降，对自己进行消极的评价，认为自己的工作没有意义和价值。例如，一些新手教师刚刚接手新班级时信心满满，觉得自己一定要事事亲力亲为，做好学生的引路人，成为家校沟通的桥梁。但当学生发展没有达到预期目标时，这些教师的自信心就会受到打击，怀疑是自己的能力不足或自己在教学方面出现的失误所导致的。这时他们便不再每天热情洋溢、活力满满。

美国心理学家马斯拉奇认为，倦怠是一种身体、情感和精神的枯竭状态；其特征是身体损耗，经常感到疲劳、无助或绝望，对工作和生活也持一种消极的态度。20世纪70年代末以来，各国学者聚焦于教师职业倦怠研究，对教师职业倦怠进行了定义。伯恩提出，教师职业倦怠是教师面对工作压力时产生的一种极端反应(Byrne，B. M. ，1993)。教师因不能有效地应对工作中的压力，从而导致情绪、态度和行为方面出现衰竭。其典型表现为对工作的满意度下降，丧失教学热情和兴趣，对他人冷漠、情感疏远(曾玲娟，伍新春，2003)。倦怠是一种慢性的、渐进的状态，和短暂休息后便消失的疲劳是不一样的。

（二）教师职业倦怠的发展过程

职业倦怠就像身体疾病一样，有一个发生、发展的过程。马斯拉奇提出职业倦怠的发展过程模型，即经验性阶段模型(唐芳贵，蒋莉，肖志成，2005)。以教师为例，职业倦怠发生的前提就是教师在生活和工作中存在各种压力源。当教师不能有效应对时，首先表现出来的是情绪衰竭，即教师在教学中感到疲劳，教学方法呆板，教案流于形式，在学情不同的各个班级使用同样的教学方法，批改作业不认真。这时教师产生了一种防御性的反应,他们限制自己在工作中的投入程度,并用冷漠的态度对待周围的人。如果在此阶段教师没能主动调节或请专业人员进行干预,职业倦怠的程度就会进一步加重,发展到去人性化阶段。去人性化和巨大的工作需求之间提供了一种情绪的缓冲。这会使教师采取逃避社交的方法,导致与同事之间的沟通交流少了,对学生的关心少了,甚至出现家庭矛盾,对孩子和伴侣的关心也少了。如果教师依然没有得到有效的专业干预,职业倦怠就会发展到低个人成就感阶段,主要表现为个人的成就感降低。也就是说,教师意识到自己目前的状态与当初想为教育事业做出贡献的美好愿望之间是存在矛盾的,自己的努力未必能给学生带来积极的变化。最终引发的后果是教师自身的价值感降低,遇到事情容易退缩,觉得自己的工作没有价值,不再付出努力,出现消极怠工甚至离职或转行的情况。

国外学者博卡等人提出了教师职业倦怠发展的四阶段理论(唐芳贵,蒋莉,肖志成,2005)。他认为职业倦怠发展存在四个阶段。第一阶段是理想狂热阶段,通常指个体出现雄心勃勃、忘我投入的阶段。新手教师通常都有理想狂热阶段。例如,初做班主任的新手教师往往都会将教育视为一份神圣的职业,即使是遇到打击、挫折也不言弃。通常他们会得到老教师这样的评价:"年轻人有精力,有魄力。"第二阶段是徘徊停滞阶段,通常指个体做事开始缺乏效率、情绪焦虑、工作满意度下降,但仍一味以加倍的努力来回避问题。例如,某位教师由于工作压力大、工作效率低,时常感到焦虑或者烦躁,对自己工作效果的满意度降低,认为当初的雄心壮志已经不复存在,感到自身的心理负担大。一般来说,学生和家长对教师有着较高的期待和要求。如果家长总是打电话询问自己孩子在学校的表现,希望教师对自己的孩子多照顾、严要求,这会对教师造成严重的精神压力,对教学产生负面影响。教师一旦得不到家长的积极反馈或者学生的表现退步,他们就会产生自我怀疑,导致自我效能感降低,自我保护的需要降低,从而影响自身的工作态度。第三阶段是迷茫挫败阶段,通常指个体开始明确而强烈地体会着情绪、生理与行为上的多重问题。虽然教师力图否认问题的存在,但身心已备感疲惫。从这一阶段开始,教师会感到极度疲劳,逐渐出现各种身体状况,时常感到自己的渺小和无助,做什么事都打不起精神来,工作效率降到了低谷。第四阶段是冷漠抑郁阶段,通常指个体彻底放弃乃至自嘲当初追求的理想目标,不再在乎自己的公众形象和未来前途。教师的职业倦怠发展到这一阶段时,他们已经完全放弃自己的昔日理想,对自己的未来漠不关心。至此，教师的职业倦怠已达到最高限度，身心健康严重受损。

二、影响教师职业倦怠的因素

影响教师职业倦怠的因素有哪些呢？下面通过两个模型进行阐释。

（一）工作需求—资源模型

工作需求—资源模型中的工作需求是指为了保持良好的工作绩效水平而对个体的身体、心理、组织和社会等方面的要求；工作资源是指在生理、心理、组织和社会等方面，有助于个体实现工作目标、缓解工作需求带来的消极影响，从而获得个人成长和发展等的因素（Demerouti，E.，Bakker，A. B.，& Nachreiner，F.，et al.，2001）。对于教师而言，前者包括高强度的工作投入、巨大的任务量、有限的休息时间、难以解决的学生纪律问题、学生较低的学习动机等；后者包括工作自主权、社会的认可和支持、积极的任务反馈、对自身职业的认同、对自己所教学科的热爱等。工作需求—资源模型解释了教师职业倦怠产生的过程，即当需求远远大于资源的时候，教师就容易出现职业倦怠（Demerouti，E.，Bakker，A. B.，& Nachreiner，F.，et al.，2001）。

（二）工作—个人匹配模型

当工作要求大于个人能力时，就会出现工作和个人之间的不匹配。这种不匹配持续的时间越长，教师出现职业倦怠的可能性就会越大。教师职业的工作要求方面包括工作总量大、教学要求严格、工作中拥有较少自我决定的权利等；个人能力方面包括专业能力、教学技能、与家长沟通的技巧等。教师职业倦怠并非由某种单独的因素引起的，而是在教师和工作的互动中引发的，是教师的个人能力和工作要求不匹配造成的（Maslach，C.，Schaufeli，W. B.，& Leiter，M. P.，2001）。当个人能力不足以达到工作要求时，就会产生工作倦怠；当个人能力达到工作要求时，对工作的参与感就会变强。

从长期对教学的观察中发现，当教师和学校在工作总量，工作中是否拥有自主决定的权利，工作中获得的报酬，与团队如教研组之间合作是否融洽，是否被公平对待以及价值观念是否和周围一致六个方面存在不匹配时，就容易导致教师出现职业倦怠(Maslach, C., Schaufeli, W.B., & Leiter, M.P., 2001)。下面重点介绍这六个方面。

1. 工作量

当工作量过大，超出教师承受的极限时，教师会觉得很难跟上匆忙的工作节奏。例如，当教师一周的教学时长有限，但要完成的教学任务很多，难度又高时，教师会感到精力枯竭。有的教师除了要完成教学任务，还要承担学校的行政工作，同时是教研组的骨干教师，长此以往可能会在工作中感到力不从心。

2. 控制感

此处的控制感是指教师是否拥有自主决定的权利。每位教师都有思考和解决问题的能力，希望有机会自主做出选择和决定。但当因受到严格的政策限制、监控、约束而不能进行自主选择决策时，教师就没有太多的空间进行改进和创新，结果就会感觉自己的工作没有效率，也不愿意对自己的工作结果负责。在教学中的表现就是，当教师的责任超过自己所拥有的权利范围，进而很难完成某项任务时，其自身的成就感就会降低，由此会引发"能做主"和"想做主"之间的不平衡。例如，让一位刚刚到校的新手教师负责一场学业选拔考试。新手教师可能会因为自己在人员调动、资源分配等方面的力不从心而感到很挫败、很失落。

3. 工作报酬

当教师在工作中受到的奖励无论是物质上的还是非物质上的，与其付出并不对等时，教师心里就会产生一些想法。例如，教师认为校长和其他管理者对自己的工作价值缺少认可或认识不足，感到自己和工作都被贬值了。这会导致教师的自我效能感低。

4. 团体工作的一致性

每个人都希望和自己喜欢与尊重的人分享赞扬、快乐、幽默等，这会令人感到心情愉悦。教师个人和周围环境的不匹配主要指教师无法和学校、教研组、家长或学生之间保持积极良好的关系，得不到来自同事、校长、其他管理者或学生家长的支持与认可，从而引发挫败感。例如，一位数学教师想要八年级的学生通过自我推导的方法得出某些结论，但周围很多教师可能会认为这种方法不可行、费时费力，不能达到一个理想的教学效果。倘若这样的情况经常发生，那么这位教师就很可能出现积极性耗尽现象，对待事业很难再提起高昂的热情。

5. 公平性

当教师在工作场所中感觉没有被公平对待时，就会产生个人价值和工作之间的严重不匹配现象。公平能传达尊重，有助于个体确认自己的价值；教师不被公平对待具体体现在工作负荷、工资不公平、评估和晋升的处理不当上，或者是解决问题的过程中没有发言权。当受到这些不公平的对待时，教师会感到心烦意乱、情绪衰竭。

6. 价值观

教师和周围人的价值观念不一致是指工作要求和教师的个人原则之间不匹配。教师可能是工作方面的某些原因，不得不做一些与自己价值观不符的事情。教师在和他人价值观不一致的情况下更容易产生低落、难过等情绪，会和他人的关系变得疏离，感受不到自己的价值。如果教师不能根据自己的价值观和信念来开展教学，就会感到压抑；如果坚持己见，做出的结果却不被他人接受，教师就会感到自己的工作缺少意义。例如，当一位新手教师与资历较深的教师价值观不一致时，新手教师可能会感到迷茫，因为他不知道应该是遵从自己的内在价值观还是按照他人的想法。如果遵循自己的价值观，可能会得到一个较低的评价。一旦自己的价值观受到挑战，就可能会变得消极悲观，产生自我怀疑。

三、职业倦怠对教师的影响

职业倦怠无论是对教师的身心健康还是对教师的职业发展都会造成一定的影响。

（一）身体方面

职业倦怠会导致教师出现疲劳、失眠、头痛、胃肠道紊乱等。常见的疲劳又分为体力疲劳、脑力疲劳和精神疲劳。如果身体长期处于一种疲劳的状态，就会引发慢性疲劳综合征。

（二）心理方面

失眠和抑郁是调查中主要的心理后果。大多数的心理研究都发现了职业倦怠和抑郁症状之间有着密切的关联。在一些研究中，关于职业倦怠是否会引发失眠的结论并不一致。对国外 35 岁左右成年人的研究发现，职业倦怠有可能会引发失眠，但在国外的另一项研究中得出的结论是不一样的。不管怎样，有一点必须在这里提及——教师在压力很大的情况下容易出现失眠情况。在对一位高三年级教师的访谈中，该教师就谈到"教材改版后每天都要研究新教材，琢磨怎么教学才能让学生学得更明白"。但新的教材学生学起来的确是有难度的，所以有时候该教师就会因琢磨教材、备课等出现晚上失眠的情况。

（三）职业后果

如果出现职业倦怠，它会对教师职业产生怎样的影响呢？教师职业倦怠与教师的请假天数有关，职业倦怠程度越高的教师缺勤时间越多。由此形成的恶性循环表现在：教师因为倦怠而导致身体出现问题，没有充沛的精力在教学中达到理想的教学目标；反过来又会使教师的情绪疲惫程度增加，使教师感到身体虚弱、教学能力下降，可能导致旷工。

（四）人际关系后果

教师职业倦怠还会对教师的人际关系造成影响。它会使师生关系恶化、同事关系僵化、家庭关系退化，出现工作和工作之外的场景之间的一些冲突。

四、教师职业倦怠的防范与降低

如何防范与降低教师职业倦怠？本讲将介绍基于询问的减压方法。通过使用该方法，教师能让消极的想法变成积极的想法，能有更多的时间沉浸在美好的情绪感受中。该方法的运用由两个阶段组成。第一阶段是识别压力的想法，第二阶段是进行引导式反思。

（一）识别压力的想法

这一阶段可以借用"评估你的邻居"这一表格来开展。使用表格中的问题向自己提问，通过发现自己对让自己感到压力的人、事件、情境有什么想法来开展，并将这些想法逐一写在表格中。向自己提出的问题可以有以下几种。

第一，在这种情境下谁让我生气？谁让我心烦意乱？谁让我难过了？为什么？可以采用的句式是"我对……感到……，因为……"。比如，"我对学生小明感到生气，因为他在上课时交头接耳，不把我的话放在心里"。

第二，在这种情境下，我想要他们做出怎样的改变？可以采用的句式是"我希望……"。比如，"我希望小明认识到自己在这次考试中退步的原因是上课总和同桌说话"。

第三，在这种情境下，我想给他们提什么样的建议呢？可以采用的句式是"……应该或不应该……"。比如，"我认为小明应该在每节课之前给自己确定一个小的目标"。

第四，为了我自己在这种情境下感到高兴一些，我需要他们想什么？说什么？感受到什么？做什么？可以采用的句式是"我需要……感受到当时……"。比如，"我需要我的爱人和孩子感受到我已经没有精力来照顾自己了。我需要家人们多给我一点支持和鼓励"。

第五，在这种情境下，我认为他们是什么样的？可以采用的句式是"……是……"。比如，"小李他是不诚实的，是有野心的"。

第六，在这种情境下，我不想要再经历什么？可以采用的句式是"我不想……"。比如，"我不想让小明觉得学习是给老师学的。这种被动学习使我很没有成就感，好像我上课很没有吸引力"。

通过上述这样的提问来探索自己的想法，并把这些想法清晰地记录在纸上，选择自己所写下的想法中的一个进入第二阶段。

（二）进行引导式反思

第二阶段所要做的是先提出如下四个问题。

压力是真实存在的吗？
我可以十分确定这是真的吗？
我应该如何对待我所相信的观点？
如果我并没有这样的想法，那么我会是谁？

在用这样的四个问题对自己提问时需要注意：提问的目的是引导自己进行反思，

采用这种方式来审视自己内心真实的想法,甚至可以质疑自己的直觉。因此,所有的问题并没有标准答案。当自己的想法引发压力感受时,观察自己的情绪和身体反应。

在对自己提出四个问题后,所要做的就是进行转变。我们可以从三个角度进行转变。需要强调的是,无论采用哪个角度进行转变,都必须在自己的实际生活和工作中发现一个真实的、支持这种转变的例子。在进行角度转变的过程中切忌给自己施压,要将自己置于一个安全、放松的情境中,不必相信工作是有压力的。我们可以对同一现实有不同的解释。在这一过程中,我们要对一切可能的想法保持开放、接纳的态度,有充分的接受感、希望感和感激感(Landau, C., Mitnik, I., & Cohen-Mansfield, J., et al., 2016)。比如,我识别到我最初的想法是"我的学生不听我的话",在进行角度转变时可以转变为"我不听学生的话"。这种角度的转变是从一个主体转向另一个主体。我也可以转向自己,即"我不听自己的话"。还可以有如下的角度,即"我的学生听我的话",角度转为完全相反的方向。在进行每个角度转变的过程中,我们一定要提供一个生活、工作中支持这种角度转变的真实例子。比如,当教师进行主体转变时,对于"我不听学生的话",需要提供一个自己与学生互动中的真实例子来支持这种角度的转变。同样,"我不听自己的话",也要有相应的例子进行支持。

在第二阶段,无论是对自己提出问题,还是进行角度转变,都要在冥想状态下完成。如何操作?

例如,这是一位教师在第一阶段写下的:"当我在工作时,我意识到我的几位同事和我沟通的方式会让我感到难过,他们总是带有一些命令的语气。我希望他们能够改变一下,和我说话时语气应该平和一些。我需要让他们感受到我是不舒服的,体谅一下我。我十分不想让这种不愉快的感受再继续下去。"下面进入第二阶段。鉴于第二阶段需要在冥想状态下完成,所以我们需要采取一个令自己舒服的姿势坐在椅子上,轻轻地闭上眼睛,采用腹式呼吸让自己放松下来。腹式呼吸也称深呼吸,先用鼻子慢慢地吸气,再用嘴巴慢慢地呼气。

在完成第二阶段的引导式反思后,案例中的教师说:"当我往相反的方向去想'我对我的同事不满'时,我想到了在以往的教研活动中自己当时是对这位同事有偏见的。其实我对同事也是存在不满情绪的,对方也可以感受到。"

为什么第二阶段的引导式反思需要在冥想状态下进行呢？这是因为冥想使人可以在不控制、不评判、不引导的情况下进行思考。与冥想状态相关的内在智慧在这个时候才能被激活，人在此刻才能倾听到自己的内心。

基于询问的减压方法是一种通过改变认知来达到减压目的的方法，可以有效防范教师出现职业倦怠。作为一种改变认知的方法，其前提假设是认知先于情感和行为，认知是人感受到痛苦、压力的主要原因。但是这个方法与其他改变认知的方法所不同的是，第一，需要在冥想状态下进行思考，从而觉察来自内在的、自然而然的声音。第二，会关注人的情绪感受，在冥想状态下会限制认知对人内在的、自然而然所流露出的一些情绪、感受等的负面影响。

坚持使用基于询问的减压方法，能使个体探索自己的想法和内心体验，从而缓解个体的压力，达到预防职业倦怠的效果。

压力和挑战是成长的机会，教师应有能力识别和管理自己的情绪和行为。干预措施主要是改变自己对压力的看法、解释和评价，通过将压力重新定义为成长的机会，将注意力从对压力的倦怠感转向积极应对压力。教师应与学生、家长、同事和领导进行积极有效的互动，把压力转化为动力。

本讲小结

本讲介绍了教师职业倦怠的相关内容。职业倦怠是阻碍教师生涯发展的主要原因。为了帮助读者更好地理解教师职业倦怠，本讲首先介绍了教师职业倦怠的定义；其次通过工作需求—资源模型和工作—个人匹配模型介绍了影响教师职业倦怠的因素；再次介绍了职业倦怠给教师身心健康带来的消极影响；最后详细介绍了一种能够有效防范与降低教师职业倦怠的方法——基于询问的减压方法。希望教师能够掌握该方法并在日常工作和生活中自觉运用。

本讲关键词

教师职业倦怠　情绪衰竭　去人性化　低个人成就感　工作需求—资源模型　基于询问的减压方法

进阶思考

除了改变自己的想法之外,我们还可以通过哪些调整生活的方式来实现自身的情绪调节?如何在工作中觉察到自己的职业倦怠状态?除了询问自己的真实想法、找到可以转变自己原始想法的实例外,还有什么样的方法可以更快、更有效地为自己减压?如何让自己在职业倦怠情况下及时地进入反思、冥想状态?

提升练习

1.【判断】基于询问的减压方法的运用共分为三个阶段。(　　)

答案:错误

2.【判断】基于询问的减压方法运用的第一阶段是识别压力的想法,第二阶段是进行引导式反思。(　　)

答案:正确

3.【判断】倦怠是一种身体、情感和精神的枯竭状态,但对工作和生活持一种积极的态度。(　　)

答案:错误

4.【多选】以下关于进行引导式反思的说法哪些是正确的?(　　)

A. 压力是真实存在的吗

B. 我可以十分确定这是真的吗

C. 我应该如何对待我所相信的观点

D. 如果我并没有这样的想法,那么我会是谁

答案:ABCD

5.【多选】教师职业倦怠的表现有哪些?(　　)

A. 情绪衰竭

B. 去人性化

C. 低个人成就感

答案:ABC

第五讲
教师的情绪困扰及应对

本讲概述

本讲聚焦教师工作中的情绪困扰，提升教师的情绪调节能力。具体包括以下几个部分：教师情绪困扰的现状、教师情绪困扰的成因与影响、情绪调节的理论基础和实操案例。

知识结构图

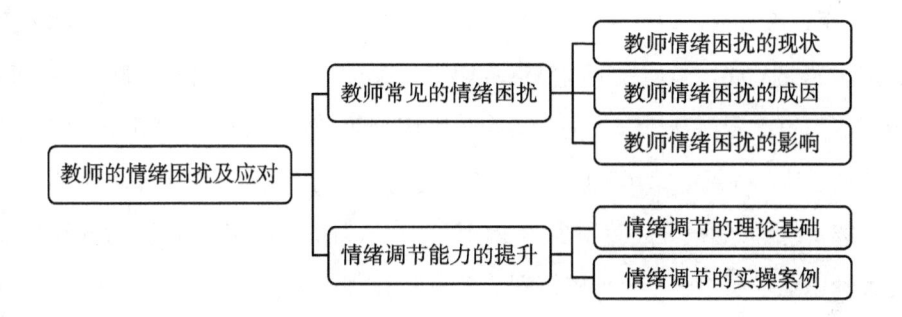

```
                          ┌── 教师情绪困扰的现状
             ┌─教师常见的情绪困扰─┼── 教师情绪困扰的成因
             │                └── 教师情绪困扰的影响
教师的情绪困扰及应对─┤
             │                ┌── 情绪调节的理论基础
             └─情绪调节能力的提升─┤
                              └── 情绪调节的实操案例
```

学习目标

学完本讲，你应该能够做到：
1. 了解教师情绪困扰的成因及影响。
2. 掌握 ABC 理论的原理及操作步骤。

读前反思

1. 在工作中经常出现的情绪类型有哪些？
2. 哪些事件容易引发自身强烈的情绪反应？
3. 日常工作中情绪调控的方式有哪些？

一、教师常见的情绪困扰

（一）教师情绪困扰的现状

1. 教师情绪问题不容忽视

众所周知，在"双减"政策和《中华人民共和国家庭教育促进法》实施之后，教师和家长打交道的频率以及深度较之前有了更大的扩展，也因此给教师带来了很大的压力。

教师的情绪困扰不仅是教师在工作中经常提及的话题，也一直是学术研究领域研究者关注的热点问题。有研究发现，在教师工作时感到困扰的事情中居于前三位的分别是"职称晋升困难""学生难教难管"和"工资收入少，福利待遇低"。有20％的教师认为过去一个月内的工作是无望且乏味的；有17％的教师认为工作比较痛苦和沮丧（张丽，傅海伦，申培轩，2019）。另外一项关于中小学教师工作压力与情绪耗竭关系的研究发现，当前教师的情绪耗竭值得关注（叶霞，2021）。同时，教师的情绪管理能力也需要提升。一项关于初中教师情绪管理能力的研究发现，大部分教师的得分处于中等水平；还有四分之一左右的教师得分偏低；而高分段的则没有（项冰，2022）。类似的研究还有不少，我们不再一一列举。我们不难发现，情绪问题是当前教师职业发展中一个重要的议题。教师不仅面临着情绪困扰问题，而且需要提升情绪管理能力。

2. 教师情绪问题的分类

实际工作中教师需要处理好三类情绪——感受的情绪、需要的情绪和表现的情绪之间的关系。感受的情绪是指教师面对各种情境刺激时所产生的情绪体验，是一种真实、本能的情绪反应，例如，工作上取得成功就会高兴，遇到挫折就会沮丧，这些都是本能的反应。需要的情绪是指教师遵守各项规则要求所表现出来的情绪。例如，教师在工作中要表现出对学生的热情、对家长的耐心，这些是教师职业的要求。表现的情绪是指教师将感受的情绪与需要的情绪平衡协调后的情绪表达。中小学教师面临的情绪困扰往往源于处理上述三类情绪时出现的矛盾、不协调或冲突，具体分为三种类型：情绪的失控、情绪的失真和情绪的失调。

我们先举例解释情绪的失控。例如，教师在面对犯错的学生时，由于过于激动，难以掩饰自己的愤怒，对学生说了一些言辞过激的话，说完之后又很后悔。这可以理解为一种情绪的失控。情绪的失真又是什么呢？比如，教师今天不是特别高兴，情绪状态不是很好，但是要去上课，要进行一个公开的汇报，可能还要接待一些来访人员。在这种情况下，教师并不能把自己的真实情绪表现出来。这就会造成自己情绪的失真。情绪的失调是指教师感受的情绪与需要的情绪不一致所引发的情绪问题。在实际工作中，教师对学校的一些要求不理解，但是还不得不按照学校的要求执行的时候，会遇到这样的问题。这会导致教师自己感受的情绪与需要的情绪之间存在激烈冲突。在此种情况下，教师的情绪处于压抑状态。教师的真实情绪不能在工作场所得以适当的表达，长此以往很容易出现抑郁、倦怠等问题。

当情绪问题出现的时候，有些教师会本能地压抑，以为这样就能应对过去。但是这种压抑会产生两个结果。一是当我们经常压抑，就容易出现前面讲的情绪的失控。也就是说突然的爆发会给我们的工作、生活造成很大的困扰。二是我们压抑的情绪可能会转化为对内的一种攻击，表现为自我情绪的低落以及精神状态不佳，从而对我们的行为和认知都可能产生一些消极的影响。

（二）教师情绪困扰的成因

1. 教师的情绪劳动

关于教师这个职业，很多人都会想到《师说》当中关于教师的一段论述："师者，所以传道、受业、解惑也。"也就是说在我们传统的认知当中，教师是知识的拥有者，是向学生传递知识技能的人。但是，随着时代的发展，教育的内涵也在悄然发生变化。如果说以前教师的工作更偏重认知的训练，也就是入脑，那么现在则更偏重育人，也就是说和人打交道。

霍赫希尔德指出，在现实生活当中，劳动可以分为体力劳动、智力劳动和情绪劳动。他把情绪劳动界定为通过创造一个大家都能看得见的面部表情或者行为表现，达到对自身情绪感受的管理。个体进行情绪劳动，目的是获得报酬，所以具有交换价值。由此可见，当今教师的工作实质上是一种情绪劳动。

阿德曼在霍赫希尔德理论的基础上提出，教师属于专业性和技术性人员当中高情绪劳动的群体。在具体的教育情境当中，教师为了完成教学任务以及与交往对象进行沟通，需要遵守社会和学校组织规定的表达规则，需要使用各种调控策略完成对情绪的调控。这就是现在中小学教师面临的工作挑战非常大的原因。另外，教师要处理的人际关系种类也比其他职业多。除了所有职业都有的上下级关系、同事关系，教师还要处理与学生的关系、与家长的关系。而人际关系又是人类压力的主要来源。所以教师在日常工作中经常会感到劳心又劳神。

2. 教师本身就是高压力职业

为什么情绪问题会成为困扰教师职业发展的一个突出问题呢？这和教师的职业特征有密切的关系。高压力社会群体有以下几个基本的特征。第一个特征是典型的助人工作者。和人打交道往往就会涉及情绪调控的问题，也就是上面提到的情绪劳动问题。教师的工作就是促进学生的成长，工作期间还要和领导、同事、家长保持良好的配合关系。可见教师职业的助人特征明显。第二个特征是长时间工作的投入者。由于通信方式翻天覆地的变化，教师的实际工作时间其实会比名义上的工作时间还长。有些教师尤其是班主任，即便在回到家后仍然要通过联系他人沟通细碎的工作。例如，教师需要了解某些学生在家庭中的实际表现，和家长沟通的时间大部分会约在家长下班之后。但这个时间同样是教师的休息时间。这样无形中就延长了教师的实际工作时间。第三个特征是自我评价低者。有些教师对自我的评价相对较低。一方面，他们有追求完美的倾向，希望自己的工作和自己班上的学生都能够出类拔萃。这就导致了他们对自己的工作总是有不满意的地方。另一方面，过多的教学以及业务上的评价会给教师的自我评价造成一定的消极影响，造成他们在评价这方面或者说在自我接纳、自我认同方面还是相对低的。这也给教师的情绪问题埋下了一定的隐患。

在社会的舆论宣传中，我们经常听到一些关于教师职业的描述。例如，燃烧自己，照亮别人；辛勤的园丁，把祖国的花朵培养成人；等等。但是，在教育成为全社会关注的热点领域的情况下，如果教师时时刻刻以这样的高标准来要求自己，势必会增加自身的工作压力，给自身带来一定的情绪困扰。

（三）教师情绪困扰的影响

在前面我们总结了教师面临的情绪困扰的主要类型，并结合教师的职业特点分析了这些情绪问题的成因。如果教师产生了消极情绪，并放任这些情绪发展，除了会体验到不开心之外，还会给自身的职业发展造成消极的影响。下面结合教师日常生活中常见的三种消极情绪——抑郁、愤怒和焦虑分别进行讲解。

1. 抑郁情绪可能导致习得性无助

我们先来了解抑郁情绪。其主要表现为心境低落，做什么事情都觉得萎靡不振，毫无意义，不愿意做，做得不高兴、不快乐。同时，它表现为思维的延迟，反应迟钝，做什么事情都比较缓慢，没有激情，没有动力。

> **理论之窗**
>
> 塞利格曼认为，我们对能力和控制的知觉是从经验中习得的。当一个人控制特定事件的努力遭受多次失败后，他将停止这种尝试。如果这种情形出现得太过频繁，这个人就会把这种控制缺失的知觉泛化到所有的情境中，甚至泛化到实际上控制能发生作用的情况下。于是，他开始感到自己像一颗"命运的棋子"任人摆布，无助而抑郁。这种抑郁的产生原因称为"习得性无助"。
>
> 资料来源：郝芳，《从塞利格曼的狗到习得性无助》，载《百科知识》，2018(1)。

处在抑郁情绪中的个体更容易注意到事物消极悲观的一面，并且会出现思维能力下降。如果抑郁情绪得不到及时、有效的处理，必然会导致个体长期处于抑郁的情绪状态下，且会将这种抑郁的状态泛化到其他的情境中。比如，一位教师在一次公开课中的表现不佳引发了他的抑郁情绪，并且他在内心中形成了自己就是一个没有能力的人的想法。当这位教师再面临其他的任务时，会习惯性地认为自己是没有能力的，在接下来的事情上也不能取得成功。心理学家塞利格曼在研究中发现，如果一个人认定自己在某件事上毫无控制力，就不再努力试图改变。这个人就会把这种控制感缺失的感觉泛化到生活的方方面面，甚至泛化到那些本来有能力控制的事情上。所以，在我们出现抑郁情绪后要及时调整，这样有助于我们重拾生活的掌控感，提升我们面对下一次挑战的信心。

2. 愤怒情绪可能导致行为失控

如果说抑郁情绪会减弱我们的行动力，那么愤怒情绪可能会导致我们行为失控。

人们处于愤怒情绪时会表现为心跳加速、面红耳赤、呼吸急促、肌肉紧张。这些属于感受到威胁时所引发的原始反应，会让我们产生强烈的攻击冲动。但是，就教师的工作性质而言，愤怒情绪往往在工作中是不被允许表达的。当愤怒情绪出现的时候，教师本能地选择压抑愤怒。但这种调控情绪的方法是有失控的风险的。

心理学家鲍迈斯特、穆拉文等人做了一些关于情绪调控导致的自我损耗的实验。他们发现，个体在调控情绪的时候要损耗控制资源，当控制资源损耗殆尽的时候就会出现行为失控的现象。我们可以想象一下，当一位教师需要同时处理多个任务的时候，难免会出现手忙脚乱的情况，进而导致个别任务的完成质量下降。其原因就是自我的控制资源不够分配到多个任务上。下面的例子是在一段时间内由控制资源损耗导致的行为失控现象。一位教师在给第一个班的学生授课时，学生不遵守规则，对布置的作业、提出的课堂秩序的要求置之不理。教师在第一节课中可能会较好地控制情绪。但是，如果在给第二个班授课时遇到了同样的情况，这位教师就可能会情绪爆发、行为失控，表现出一些不恰当的行为和言语。由此我们可以看到，当我们出现愤怒的情绪时，强行的压抑虽然能够在短时间内调控情绪，但是被压抑的愤怒情绪不会消散，在控制资源损耗殆尽的时候就会出现行为失控。所以长期使用压抑的方式调控情绪是不可取的。

3. 焦虑情绪可能导致信息加工偏差

最后我们再来讨论焦虑情绪的影响。抑郁情绪可以理解为不好的事情已经发生了；愤怒情绪可以理解为对我们有威胁的事情正在发生；焦虑情绪是指向未来的一个判断，担心不好的事情在未来可能要发生。当处于焦虑情绪时，人们常会有害怕、坐立不安、心烦意乱、担心紧张的表现。如果是过分的焦虑或长期处于一种焦虑状态，会影响我们大脑的信息加工机制。

心理学当中有一种说法叫威胁性信息的加工偏向，让我们来看看具体是怎么回事。"一朝被蛇咬，十年怕井绳。"曾经被蛇咬了，我们身体中就记录这样一个危险的信号。当下次看到井绳或者类似信息的时候，我们就会有一个强烈的情绪和行为方面的反应。那些特别焦虑或者说长期处于焦虑状态的人，从神经科学的角度来看，大脑的两个部分会有异常的表现：一个是杏仁核，杏仁核过度活跃就会对危险信息特别敏感；另一个是前额叶，前额叶处于一种被抑制或者说工作不正常的状态，会让我们无法对信息进行充分的理性分析，导致我们处于患得患失、行动不前的状态。

二、 情绪调节能力的提升

（一）情绪调节的理论基础

1. ABC 理论简介

相信大家都听说过这样一句话：世间本无事，庸人自扰之。这句话说的是什么意思呢？它是指一个人的烦心事都是自己想出来的。那既然一个人的烦心事是想出来的，那我们有没有什么办法再把这些烦心事"想回去"呢？这里说的"想回去"并不是要回到事物的初始状态，而是我们需要再造一条新的路径，以此来实现对情绪的调控。接下来我们就会重点讨论如何把烦心事再"想回去"的这个过程。下面向大家介绍一种心理咨询常用的方法。这种方法通过改变认知的中介过程，即改变对事物的想法，来达到调节情绪的目的。它的理论基础是理性情绪治疗的 ABC 理论。首先，我们来具体分析这个理论。

ABC 分别是三个英文单词的首字母。简单地说，A 是指事件。这里的事件既可以是已经发生过的，也可以是正在发生的，还可以是将要发生的。比如，有些事件已经过去了，但是我们现在回想起来还会有不舒服的情绪。每个人或多或少都会遇到这样的事件。这些事件就是过往的事件。哪些是正在发生的事件呢？比如，教师目前正在准备一个很重要的教学基本功比赛，忙得有些焦头烂额。这些事件也可以是未来的事件。比如，教师所教授的班级即将升入高三年级，自己的孩子也将要升入高三年级。未来的这一学年对教师和学生而言都是至关重要的一年。一想到这些，教师会感到焦虑。B 是指一个人的想法。C 指的是结果。这个结果既包括情绪的部分，也包括行为的部分。

ABC 理论主要讲的是事件、想法、结果三者之间的内在关系。A 不能直接引起 C，A 必须通过 B 来引起 C，也只有 B 才能引起 C。下面通过图 5-1 来帮助大家清晰地理解 A，B，C 三者之间的关系。

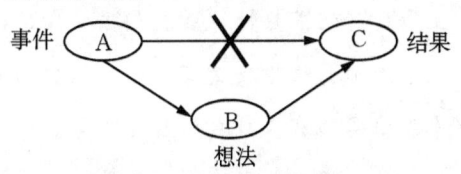

图 5-1　ABC 理论示意图

> **理论之窗**
>
> 艾利斯的 ABC 理论的具体内容如下。
>
> A(Activating event)是指诱发性事件，包括过去、现在、将来。
>
> B(Belief)是指个体在遇到诱发事件之后相应而生的想法，即个体对这一事件的看法、解释和评价。
>
> C(Consequence)是指在特定情境下个体的情绪及行为的结果。
>
> A 不能直接引起 C，A 只能通过 B 引起 C。
>
> 资料来源：郑宣福，《运用 ABC 理论促进中年教师专业再发展》，载《福建教育学院学报》，2018（12）。

下面用一个具体的例子完整地解释 ABC 理论的应用原理。

大家通过看视频课程认识了我。假设未来的某一天，某位老师遇见了我，出于礼貌跟我打招呼，而我没有任何回应就直接走过去了。这就发生了这样一个事件 A。C 就是指情绪、行为。如果你是遇见我的这位老师，对于这样的事件你会有什么样的情绪或者行为反应呢？有的老师可能会说，会有失落或者尴尬的感觉。有的老师可能会说，会有不高兴或者愤怒的情绪。还有老师会说，没有什么特别的情绪、感受。

这时候我们就发现了一个有意思的事。大家遇到的是同一个事件 A，那大家的反应应该是一样的，但是事实上不同的老师会有不同的反应。为什么会出现这种情况呢？关键就在于 B 了，也就是大家对这件事情的想法、看法不一样。有些老师可能会认为，这是我不懂礼貌的表现，所以就表现出了愤怒、生气；觉得尴尬的那些老师会认为，我过去打个招呼，结果对面的人没什么反应，旁边的人会怎么看我；那些觉得失落的老师会这样想，这位老师跟他讲课的时候一点都不一样，上课的时候很热情，教我们很多方法，但实际上是一个非常冷漠的人。当然，也有老师会认为我没有听到打招呼的声音，或者我正在满脑子想自己的事情根本没注意到有人跟自己打招呼等。由此可见，因为不同的人对这个事件有不同的想法，所以大家对于同一事件的反应是不尽相同的。

在生活中，大家对于上面提到的这个事件的叙述可能是这样的。比如，当有人问你，你看上去不太高兴，是怎么了？你可能会说："别提了，今天我见到给我们上心理课的老师了，我主动跟他打了招呼。结果他理也没理就走了，太让人生气了。"很少有人会这么说："我遇到了给我们上心理课的老师，我主动跟他打了招呼，他没有什么反应就走了。我觉得他就是不尊重人，没有礼貌。是这样的想法导致我非常生气。"我们常见的说法就是直接把我们的情绪归结为事件本身。但是，这个 ABC 理论的创始人美国心理学家艾利斯曾说，这条 A 引发 C 的路径根本就是不存在的，真正存在的是 A 到 B 再到 C 这一条路径。艾利斯认为，不合逻辑的、不合理的想法、看法才是一个人产生情绪困扰的主要原因。

> **随讲随练**
> 【判断】一个人的情绪是由他对一件事件的想法引起的，并非来源于事件本身。（ ）
> 答案：正确

2. 非理性想法的特征

如果对不合理的想法处理不当，人们就会产生各种心理问题，就不能快乐、满足地生活。说到这里，有些教师就会有困惑，认为自己每天对于一件事可能会有很多想法，怎么知道自己的这些想法是不是合理的；或者哪些想法是合理的，哪些想法又是不合理的。韦斯勒根据艾利斯的 ABC 理论总结出非理性想法的三个特征。这三个特征就像是三把尺子，可以帮助我们衡量哪些想法是合理的，哪些想法是不合理的。这三个特征分别是绝对化要求、过分的概括化和糟糕至极。

第一，绝对化要求。它就是那些以必须、应该为潜台词和代言词的想法。比如，教师出于负责任的态度给家长打电话沟通孩子的情况，但是有些家长非但不领情，还觉得是教师在推卸责任。这就会让教师感到非常郁闷。这个背后就反映着家长必须配合促进孩子成长的想法。当然，有教师就会说，那我这样想不对吗？这并不是对或错的判断问题。当我们认为某件事必须、应该这么做时，我们会有怎样的情绪？这样的情绪对我们的身心有益吗？对工作的开展有帮助吗？如果答案是否定的话，那我们要想想这些必须、应该这么做的问题。

第二，过分的概括化。艾利斯说过，过分的概括化就类似于我们通过一本书的封面就判断这本书的好坏一样。在一般情况下，判断一本书的好坏需要我们至少看看目录，翻阅书中的一些内容，再做出判断。当然，概括化是需要的，因为我们每天有大量的信息需要处理。适度的概括化可以让我们加快信息处理的速度和提升效率。但是，过分的概括化就意味着我们损失了很多原始信息，我们处理的信息是失真的，得出的结论自然也是失真的。

第三，糟糕至极。通俗的解释就是，我们担心的某件事情千万别发生，真要是发生了就如同天塌地陷一般。比如，睡眠不好的人最怕晚上了。熄灯后，家中其他人都睡着了，他自己却在那睡不着。起来怕吵到家里人，而且害怕越活动越精神，然后就躺在床上开始想：我这样经常睡不着觉，会不会真的发展成整宿的失眠呢？时间久了身体会不会越来越差？自己这个年龄以后要总是这样，该怎么办呢？越想越担心，越想越焦虑，这样就更睡不着了。这就是我们那些具有糟糕至极特征的想法带给我们的影响。

通过前面的学习相信大家能感受到，运用ABC理论调控自己情绪的核心就是改变自己的想法。需要提醒大家的是，自我觉察是我们进行情绪调节的第一步。不合理的想法之所以难以改变，是因为这些想法在我们遇到事件后就开始工作了。这使我们难以觉察和发现它们。如果我们能够有意识地问问自己对某个事件的想法，就能够捕捉到那些不合理的看法，就可以有针对性地去改变这些想法，从而达到调节情绪的目的。

随讲随练

【多选】非理性想法具有哪些特征？（　　）

A. 绝对化要求　　　　B. 过分的概括化

C. 糟糕至极　　　　　D. 辩证地看待问题

答案：ABC

当我们觉察到自己对某事件或某个人有负性情绪时，我们可以拿出一张纸、一支笔，然后问问自己对这个事件、这个人有些什么样的看法。我们可以把自己的看法写在纸上。这里需要提醒大家的是，这一步一定不能只在脑子里想，一定要把这些看法都写在纸上。然后用我们前面讲的非理性想法的三个特征，把我们刚才写在纸上的每一个想法进行比对。只要这些想法符合其中的一个特征，它们就是不合理的想法。

请在不合理的想法后面打个×，在合理的想法后面打个√，对于那些我们觉得既有不合理成分也有合理成分的想法就打上半对勾(√×)。在全部判定完之后，看一看这一张纸上是√多，还是×多。×和半对勾越多，表明我们的消极情绪感受就会越强烈或者持续的时间更长。

1. 教师只有上好公开课，才能得到校长、同事们的认可。（×）
2. 公开课必须保证完美，不允许出现任何瑕疵。（×）
3. 过些天的公开课上如果表现不好，那我的职业生涯就全完了。（×）
4. 充分备课可以帮助我应对课堂的突发情况，我一定要把所有可能出现的问题都想到。（√×）

....

3. 非理性想法的驳斥

下面要教给大家与不合理的想法进行辩论的方法，用辩论的方法来改变甚至消除这些不合理的想法才是有效的策略。具体怎么操作呢？接下来介绍四种方法。它们分别是逻辑化的辩论方法、以事实为依据的辩论方法、实用的辩论方法、替代的理性辩论方法。

第一，逻辑化的辩论方法。我们可以通过以下问题向自己发问：我对情境的想法、看法、认识是合理的、明智的和合乎逻辑的吗？如果他人持有这些非理性想法，在我看来它们合理吗？一个理性的和有逻辑性的人也会持有这种想法吗？坚信事情一成不变，这合乎情理吗？由于人际关系不好就认为自己或他人是一个"彻底失败"的人，这合乎逻辑吗？需要注意的是，我们需要掌握这种辩论方法的特点，在使用时将其变成自己的语言，真正达到能够运用的目的。

第二，以事实为依据的辩论方法。我们可以通过以下问题向自己发问：我对事件的想法、看法和认识是建立在现实事件和观察的基础上的吗？有什么证据表明我的想法、看法和认识是正确的呢？有什么证据支持那个想法呢？我为什么非得那样做呢？又有什么证据说明我必须那么做呢？同样，我们需要在运用这种辩论方法时将其转变为符合自己语言风格的话语。

第三，实用的辩论方法。它重点关注的是人们秉持的想法对于改善当前的处境是否有帮助。我们可以通过以下问题向自己发问：我对突发事件和情境的想法、看法和认识对实现我的目标有帮助吗？相信那种观点，有助于减轻我的愤怒吗？认为"生活必须是轻松愉快的，否则我将无法忍受"，对实现目标有帮助吗？就实现我的目标而言，那些想法、看法起到了促进作用还是阻碍作用？

第四，替代的理性辩论方法。替代的理性辩论方法能帮助我们辩证地看待事物，看到事物背后的复杂性，看到未来的多种可能性。我们可以通过以下问题向自己发问：有没有其他更好的理性的看法、想法和认识呢？认为自己一无是处，或认为自己确实有些缺点，这两种看法中哪个更能减轻我的忧虑，更有利于我下周的工作？哪个对我的工作更有帮助，是努力地平心静气还是经常愤怒？认为自己集优缺点于一身，或认为自己是一个彻底失败的人，一无是处，无法忍受，这两种观点中哪个对我改善人际关系更有帮助呢？

上面四种辩论方法的发问例子在初学阶段供大家模仿借鉴。在掌握每种辩论方法的特点后，使用时要转化为自己的语言。这样才能够在日常工作、生活中有意识地觉察不合理的想法并与之进行辩论。形成这个习惯后，我们对情绪的调控能力就会越来越强。辩论时要使用疑问句，因为提问可以引发我们的思考；辩论时所使用的疑问句要简短，不要长篇大论。

随讲随练

【多选】以下哪些方法可以用于非理性想法的驳斥？（　　　）

A. 逻辑化的辩论方法　　B. 以事实为依据的辩论方法

C. 实用的辩论方法　　　D. 替代的理性辩论方法

答案：ABCD

（二）情绪调节的实操案例

1. 案例练习：班级管理的困扰

一位教师面对的事件 A 是，班里有些学生不爱学习，不遵守纪律，总完不成作业，因此学业表现总是不好。接下来她写了结果 C。让我们来看看，这位教师有些什么情绪和行为呢？情绪上是苦恼、生气、焦虑、伤心；行为上的反应是失眠，对学生偶有惩戒。接下来我们看看这位教师关于事件 A 的想法 B 都有什么？这位教师关于这个事件的想法有很多，既有合理的，也有不合理的。

1. 学生应该学好功课，不能不好好学又屡教不改。
2. 这么不听话，把我的话当耳边风，这是对我的挑衅和蔑视。
3. 班里的后进生比别的班多，太不公平了。
4. 自己辛辛苦苦工作，学生不配合，学业表现不好，家长和领导还以为我没本事，影响自己的声誉，又影响考核成绩。
5. 自己为教育这些后进生付出了那么多的心血，但是成效不大；自己真是太没用了。

先看第一个想法。大家思考一下，这个想法具有上面提到的非理性想法的三个特征的哪一个或哪几个？可以看到，这个想法有绝对化要求的特征。再分析一下第五个想法。这个想法符合三个特征的哪一个？它同时包含过分的概括化和糟糕至极这两个特征。这位教师可能平时一直很努力地帮助后进生提升学业表现。但当学生的进步程度与自己的期望有差距时，这位教师就开始全面否定自己，觉得自己什么都不行。

接下来请大家自行把其他几个想法分析完毕。大家注意要按照这个例子来写：先写出事件 A，再写出结果 C，然后再逐一列出关于这一事件的想法 B。在写 A 的时候，大家可以像这位教师这样写成一段话，也可以写成关键词的形式，注意不要长篇大论。这是因为我们的重点不是事件本身，而是要找到关于事件的不合理想法并进行辩论，实现对不合理想法的转化。

下面我们看看这位教师是如何与自己的这些非理性想法进行辩论的。

1. 学生确实应该认真学习，按时完成作业；但是学生也有个别差异，我们不能要求每一个学生都学得一样好（逻辑化的）。
2. 学生不做作业可能是不懂，也可能是贪玩，不是故意跟自己过不去。要是因为没听懂，自己的教学也许存在问题；要是因为贪玩，爱玩是孩子的天性，要求他们也能像成人那样有自制力就不称其为孩子了（逻辑化的）。

3. 公平是相对的，现实生活中很难找到绝对公平；每个班都有不肯做作业的学生，有表现不佳的学生，并不是我班独有的现象；自己班的后进生比较多，但这是否就表明领导是故意这样做的；有什么证据表明领导是故意的（以事实为依据的）。

4. 其实学习不认真的学生也有许多优点（比如说体育好、爱劳动、乐于助人等）；不能否定他们的一切，不能用有色眼镜看他们（以事实为依据的）。

5. 自己在后进生的转化上做了大量工作，虽然效果不显著，也不是毫无效果；有几位学生有了明显的进步；即使这项工作不能令人满意，自己也不是太没用；有的方面曾经受过领导的表扬，自己还是很有价值的（以事实为依据的、逻辑化的）。

可以看到，这位教师所进行的辩论并没有完全达到前面所说的用疑问句且句子简短的要求，但是初学阶段能做到这样也是非常不错的。在做的过程中，尤其是在初学阶段，我们不能对自己有绝对化的要求。鼓励大家先行动起来，只有使用起来才会越用越熟练。

2. ABC 理论的应用过程

下面将总结运用 ABC 理论进行情绪调节的步骤：第一步，以典型事件入手先找出诱发性事件 A；在描述事件 A 的时候要简洁，不要长篇大论，或者只写几个关键词；在描述事件 A 时，不要掺杂自己的想法和情绪。第二步，询问自己对这个事件的感觉和情绪反应，即找出结果 C。第三步，询问并写出自己对这个事件的想法。第四步，用非理性想法的三个特征分析对事件 A 持有的想法哪些是合理的，哪些是不合理的（对同一事件，人们往往有合理的与不合理的两种想法交替出现，而不适当情绪反应的起因是不合理的想法），标记出不合理的想法，与不合理的想法进行辩论。

通过与不合理的想法进行辩论，我们可能会动摇不合理的想法或产生一些新的想法，继而会感受到一些不一样的情绪、出现一些新的行为。这样的话我们就实现了对情绪的调控。理性情绪治疗的 ABC 模型也就变成了 ABCDE。图 5-2 为理性情绪治疗工作原理。

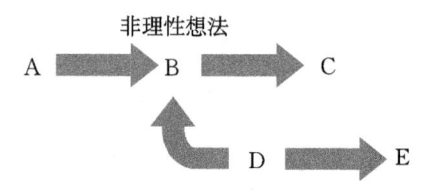

图 5-2 理性情绪治疗工作原理

有些人可能会有一个误区，认为学心理学就是让大家每一天都开开心心的。其实不是这样的。人有负性情绪是再正常不过的事情了。心理学并非一般性地反对人们具有负性情绪，而是要思考有了负性情绪之后怎么办。是任由负性情绪牵着鼻子走，在毫无觉察的情况下付诸行动，还是主动进行情绪调节？人在负性情绪非常高涨的时候所做出的行为多是不理智的。在前面我们分析道，抑郁情绪会导致我们对自我的评价降低，使我们不敢去迎接那些原本在我们能力范围内的挑战；愤怒情绪会导致我们的行为调控失败，引发不恰当的攻击行为；焦虑情绪会让我们放大事情的消极面，导致我们停滞不前。

情绪调控是一个长期的过程。我们的想法是在长期生活中形成的，要想改变也需要一个循序渐进的过程。大家在使用 ABC 理论调节情绪后可能会发现，经过一两次的与非理性想法的辩论后，我们的情绪有了些许的好转，但可能没一会儿工夫或第二天那些负性情绪就又回来了。出现这种情况怎么办呢？我们需要继续与那些非理性想法进行辩论。只要这些想法干扰了我们的生活、工作，我们就坚持与之进行辩论，直到它们对我们的影响变弱、变小。

本讲小结

本讲重点讨论了教师情绪困扰的现状、成因、影响及调节方法；介绍了当前中小学教师面临情绪困扰的现实困境，通过引入教师情绪劳动这一概念帮助教师更加深刻地理解当前教师的工作性质；对教师消极情绪的成因以及教师常见消极情绪对工作的影响进行了概述；重点向教师介绍了基于 ABC 理论的情绪调节原理和方法，并结合案例分步给予指导。

本讲关键词

情绪困扰　　ABC 理论　　情绪调控

进阶思考

除了改变自己的想法之外，我们还可以通过哪些调整生活的方式来实现自身的情绪调节？

提升练习

1.【判断】通过压抑的方式进行情绪调节，是一个有效的情绪调节方式。（　）

答案：错误

2.【判断】运用 ABC 理论调控自己情绪的核心就是改变自己的想法。（　）

答案：正确

3.【多选】以下关于 ABC 理论的说法哪些是正确的？（　）

A. A 是指诱发性事件，包括过去、现在、将来

B. B 是指个体在遇到诱发事件之后相应而生的想法，即个体对这一事件的看法、解释和评价

C. C 是指在特定情境下个体的情绪及行为的结果

D. A 不能直接引起 C，A 只能通过 B 引起 C

答案：ABCD

第六讲
教师复原力

本讲概述

本讲先介绍了复原力的由来，在此基础上介绍了教师复原力的相关内容，最后详细地介绍了如何提升教师的复原力。

知识结构图

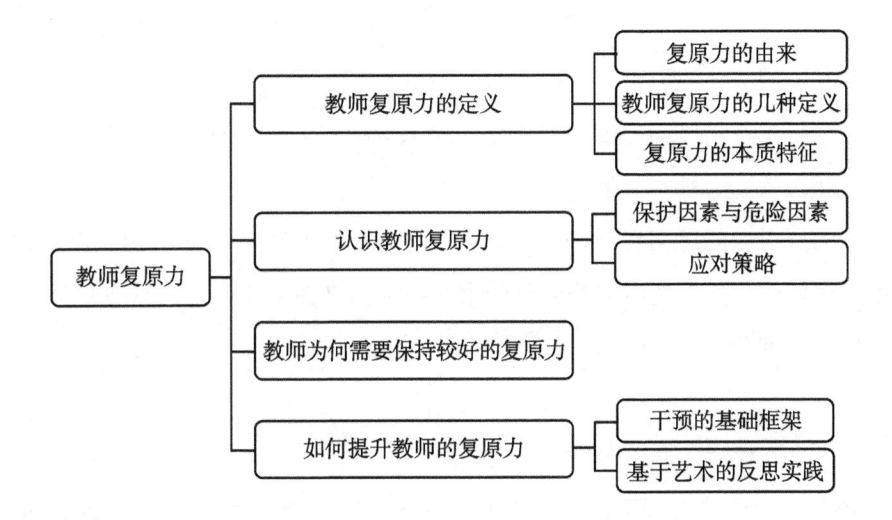

```
                              ┌─ 复原力的由来
              ┌─ 教师复原力的定义 ─┼─ 教师复原力的几种定义
              │                └─ 复原力的本质特征
              │
              │                ┌─ 保护因素与危险因素
教师复原力 ─┼─ 认识教师复原力 ─┤
              │                └─ 应对策略
              │
              ├─ 教师为何需要保持较好的复原力
              │
              │                  ┌─ 干预的基础框架
              └─ 如何提升教师的复原力 ─┤
                                 └─ 基于艺术的反思实践
```

学习目标

学完本讲，你应该能够做到：

1. 了解教师复原力的定义。
2. 了解教师复原力在维护、促进教师身心健康方面的积极作用。
3. 利用提升教师复原力的方法提升自身的复原力。

读前反思

1. 你在此之前听说过"复原力"一词吗？你是如何理解该词的？

2. 作为一位教师，你拥有的积极资源是什么？面临的危险因素有哪些？

3. 你在日常的生活和工作中遇到困境时会有意识地运用你的积极资源以帮助自己走出困境吗？

复原力是积极心理学中的重要研究领域。挖掘教师的积极资源，提升教师的复原力，对于缓解教师的职业压力、提升教师的留任率、维护和促进他们的身心健康具有重要意义。

一、教师复原力的定义

（一）复原力的由来

相较于职业倦怠、角色冲突而言，复原力可能是令教师感到陌生的一个词语。但从字面上来理解该词语也并不难。通过"复原力"这三个字，大多数人都会联想到某人遭受了打击、疾病等，但后来又好了起来或得以恢复。这种朴素的对复原力的理解也是正确的。

复原力所对应的英文是"resilience"，是在 20 世纪 70 年代初被提出的，是指个体在面对逆境时依然能适应良好所需的个人特征。其在中文中也经常被翻译为"抗逆力""韧性""心理弹性""压弹"等。

（二）教师复原力的几种定义

1999 年，邦迪等人开展了一项研究，在该研究中第一次正式地使用了"teacher resilience（教师复原力）"一词（Bondy，E. & McKenzie，J.，1999）。

关于复原力的定义，目前学术界尚未达成较为一致的认识。总结国内外已有的复原力定义，可以大致将其分为下述几种：特质说定义、过程论定义、结果性定义和整合性定义。教师复原力的定义也遵循了上述几种取向。

1. 特质说定义

持特质说的学者认为，复原力是个人的一种能力或品质，是个体所具有的特征、能力。这些特质、能力均指个体的认知或情感的心理特质，包含人格特质和自我观念。例如，奥斯瓦尔德等人认为，教师复原力是一种能够克服个人弱点和环境压力的能力或特质,使他们能够在面对潜在风险时迅速恢复并保持健康;尽管教学过程中会遇到各种挑战和挫折,但这种品质有助于教师保持对教学的承诺和实践(Oswald, M., Johnson, B., & Howard, S., 2003; Brunetti, G. J., 2006)。

2. 过程论定义

持过程论的学者认为,复原力应被视为一种动态的、发展性的过程。其中压力、逆境等生活事件与保护因素同时作用,形成一系列能力和特征的动态交互,使个体在面临重大压力和危险时能够迅速恢复并成功应对。例如,卡斯特罗等人将复原力视为教师使用各种复原力策略的过程,他们认为这些策略需要成为研究的重点(Castro, A. J., Kelly, J., & Shih, M., 2010)。

3. 结果性定义

结果性定义认为复原力是个体经历高危后的积极结果,把复原力看作一类现象。这些现象的特点是面对严重威胁,个体的适应与发展仍然良好。例如,贝尔特曼等人在综述中提到,教师复原力是个体危险因素和保护因素之间、个体与环境之间相互作用的结果(Beltman, S., Mansfield, C., & Price, A., 2011)。

4. 整合性定义

随着对复原力研究的深入,有学者认为上述三种定义都存在片面性,只描述了复原力的某一方面。因此,他们提出了一种整合性定义。该定义视复原力为个体面对内外压力困境时,激发内在潜在认知、能力或心理特质,并运用内外资源积极修复和调适机制的过程,以获取朝向正向目标的能力、历程或结果(Beltman, S., 2020)。

(三)复原力的本质特征

从上述定义可以看出,复原力是一个多维的结构,在谈及它时必然会涉及危险因素、保护因素和良好适应这三个核心要素。

危险因素是指在一个群体中可测量的特点或者能够预测他们未来消极后果的处境。压力事件是一种典型的危险因素。何为一个群体中可测量的特点呢?以教师为例,其工作中需要有大量的情感投入,这种情感投入又可能造成教师在工作方面出现情绪耗竭。

保护因素也被称为资产、积极资源,是指那些预测个体在危险因素下适应良好的特性或情境。例如,教师对教学、学生的热爱,良好的师生关系等都是保护因素(Beltman, S., Mansfield, C., & Price, A., 2011)。复原力是一个复杂的现象,无法以单一的指标来表示。因此学术界通常将保护因素作为复原力的操作性定义来描述。

复原力研究中用以判断良好适应的标准多种多样。良好适应包括积极行为,有社会的和学业的成就、幸福感、满意感;少有可能招致麻烦的行为,如精神疾病、情感障碍、犯罪行为或者有风险的行为。其中,大多数研究者同意用外部适应的标准解释复原力。例如,教师有较高的职业幸福感、工作承诺、工作满意度、留任意愿等,同时有较少的负性情绪、较低的职业倦怠等(Mansfield, C. F., Beltman, S., & Broadley, T., et al., 2016)。

二、认识教师复原力

(一)保护因素与危险因素

复原力是个体和环境互动的结果。因此,下面分别从上述两个方面进一步介绍教师所具有的保护因素和危险因素。

1. 个体方面

来自教师个体内部的保护因素有教学动机、教学效能感、教育目标和使命感;情绪情感比较稳定、乐观、充满希望,有较好的共情能力;在工作中主动性强,有较高的职业意识,充满勇气,对学生有合适的期望,对自己的工作也充满了合理的期待(鲍嵘,2002)。

来自教师个体内部的危险因素有消极的自我概念或缺乏自信心,难以寻求帮助,个人想法和实践间的冲突(Beltman, S., Mansfield, C., & Price, A., 2011)。例如,当一些教师在一段时间内发现学生的学业表现总是未能达到自己的期望时,他们不仅会怀疑自己的胜任力,还会泛化这种想法,觉得自己在各方面都难以做好。这就是教师的消极自我概念所导致的。在教学实践中,教师可能会遇到各种各样的问题,包括教学、班级管理、与学生和家长互动等。当面临问题时,有些教师善于利用环境中的各种资源来解决问题;而另一些教师则难以通过寻求帮助应对各种困境，如与同事讨论、向有经验教师取经等。这是因为他们担心被评价，害怕别人觉得他们能力差，甚至连这些小事都处理不好。

2. 环境方面

来自环境方面的保护因素有学校方面和家庭与朋友的支持。前者包括诸如领导、同事、学生和家长，后者不言自明（Beltman, S., Mansfield, C., & Price, A., 2011）。例如，对于一位新手教师而言，如果学校为其指派一位富有经验的教师做师傅，使其能够获得很好的专业支持，同时帮助其较好地适应教师的角色，这对于提升新手教师的复原力是重要的（Fantilli, R. D. & McDougall, D. E., 2009; Smith, T. M. & Ingersoll, R. M., 2004）。

来自环境方面的危险因素有如下三个方面。第一，来自教室或学校环境的挑战。例如，管理课堂捣乱的学生，需要满足后进生的需求，不支持的或组织混乱的领导，缺乏教学资源或设备，与同事、家长的关系较差。第二，来自专业工作中的挑战。例如，繁重的工作量，非教学活动占用时间，课程或课堂知识不足，遇到不支持的师傅或没有师傅。第三，来自家庭的挑战，包括家庭环境的约束，需要平衡家庭和工作之间的冲突，缺少和家人的联系（Beltman, S., Mansfield, C., & Price, A., 2011）。

保护因素能够使教师更好地应对各种逆境、不利因素等，提升教师的复原力。而各种危险因素会给教师带来不利影响，对其身心健康造成危害。

（二）应对策略

具有高复原力的教师在面对逆境和不利因素时，不仅能主动运用个人的情感管理和动机调节能力，还能有效地利用环境中的社交支持和专业资源（Mansfield, C. F., 2020; Mansfield, C. F., Beltman, S., & Price, A., et al., 2012）。

1. 情绪策略

情绪策略主要涉及教师如何管理自己的情感和心理健康。例如，教师需要具备强大的情感管理能力，能够在压力和挫折面前"反弹"。此外，保持乐观和积极的态度也是这一策略的重要组成部分。具体来说，教师可以通过冥想、运动或者与亲友沟通来释放压力和管理情感。例如，李老师是一位工作了5年的小学教师。他总结道："教师的工作中琐碎的事情很多，不能把所有事情都看得太重，要学会不把小事放在心上；用幽默化解困难，以及回想自己喜欢这份工作的地方。"

2. 动机策略

动机策略主要关注教师如何保持对教学工作的热情和动力。它包括设定现实和可达成的目标，以及在面对困难和挑战时能够持之以恒。教师可以通过不断地自我激励和寻找教学的乐趣来保持高度的工作动力。例如，孙老师是一位经验丰富的教师，他说道："我认识的大多数留在这个行业的教师都是真心想要有所作为的，所以尽管他们遇到了困难，他们还是继续前进。"

3. 专业策略

专业策略涉及教师如何适应教学环境和需求，以及如何持续地提升和丰富自己的教学技能和知识。这意味着教师需要具备一系列的教学策略和方法，以应对不同的教学情境。教师可以通过学习专业发展课程或者与同行交流来不断提升自己的教学水平。例如，一位新手教师说道："写教案是我在大学时不太擅长的事情之一。但现在我反思了很多，知道了教案的重要性和自己现在的不足，也在努力练习如何将教案写得更好。"

4. 社交策略

社交策略主要关注教师如何建立和维护与学生、家长、同事的良好关系。教师能够在学校内外建立有意义的关系，以在需要时获得支持。这不仅包括与同事和学生的关系，还包括与家长和社区成员的关系。面对困境时，具有复原力的教师更愿意寻求帮助和听取他人的建议。例如，王老师意识到自己的工作压力比较大之后，她积极地去寻找可以帮助并支持自己的力量。她每周会定期和咨询师见面，讨论最近遇到的困惑、释放情绪；同时她还会和同事相互帮助。同事会在她公开课发挥不好时，过来安慰并鼓励她"你做得很好，继续努力"。这也让她觉得自己并没有那么糟糕。

教师的复原力是一个复杂、多维度的系统，不仅是教师内在品质和能力的体现，也是教师与环境之间互动和适应的结果。系统间的各个部分相互影响并随时间而不断发展。具有高复原力的教师在面对逆境、不利因素时，主动运用个人和环境中的积极资源，有效地使用各种策略，让自己获得良好适应的结果。大家可以尝试着从个人、环境、策略、结果四个视角写下自己所拥有的保护因素、所面临的危险因素，直观地感受自身的复原力情况。

三、教师为何需要保持较好的复原力

对于高复原力的教师而言，他们会保持更高的健康水平，具有更强烈的幸福感；复原力会提升教师对工作的满意度（Pretsch，J.，Flunger，B.，& Schmitt，M.，2012）。复原力还可以加强教师与其职业的心理联系，增加其对职业的认同、投入和义务感（Day，C.，2008）。不仅如此，复原力还可以维持教师从事教师职业的愿望。高复原力的教师对工作更加热情，并且享受工作所带给自己的成长（Weatherby-Fell，N.，2015）。综上所述，教师需要具有较高水平的复原力，因为其无论对维护和促进教师的身心健康还是对教师做好本职工作都非常重要。

四、如何提升教师的复原力

既然复原力对教师如此重要，该如何提升教师的复原力呢？本部分重点介绍基于艺术的反思实践的方法。有研究表明，该方法可有效提升教师的复原力（McKay，L. & Barton，G.，2018）。这一方法由两部分组成：一是四级反思模型，二是基于艺术的创造性表达。

（一）干预的基础框架

1. 四级反思模型

四级反思模型的实施分为如下四个步骤：第一步是报告，描述事件或问题，并通过观察和提问做出回应；第二步是建立关联，将事件与自身技能、专业经验和学科知识之间建立关联；第三步是推论，使用相关资料来支持自己的观点，或者挑战自己的观点；第四步是重构，思考未来要怎样做，来重构这个情景。例如，下次将会怎么做？如果这样做会发生什么？这些观点有相关材料支持吗？

> **案例**
>
> 王老师在他的教育生涯中遇到了一个挑战。他发现自己难以在课堂上有效地管理时间，导致课程进度落后，学生的学习体验受到了影响。
>
> ①报告：王老师首先记录了他的时间管理问题，包括每堂课使用的时间和计划与实际执行之间的差距。他还注意到这个问题可能会影响学生的学习表现和投入度。
>
> ②建立关联：接下来，王老师开始思考自己的教育背景和专业经验，以查找导致出现时间管理问题的可能原因。他考虑到，他之前没有受到足够的时间管理培训，也没有使用适当的工具来规划和跟踪课堂活动。
>
> ③推论：为了解决时间管理问题，王老师决定学习如何进行时间管理。他查阅了相关文献，了解到一些策略，如制订详细的课程计划、设定时间限制和使用时间管理应用程序。他还与一些同事交流，寻求他们的建议和经验。
>
> ④重构：王老师制订了一项时间管理计划，包括制订详细的课程计划，设定时间限制，使用时间管理应用程序来跟踪任务，并定期评估他的时间利用情况。他决心在未来的教育工作中更好地管理时间，以提高课堂效率。

2. 基于艺术的创造性表达

上述模型为教师提供了一个反思的过程。然而，如果人们只通过口头或书写进行反思，那么反思的过程往往会受到限制，因为语言本身可能无法表达更深层次的内容，如情绪情感等。教师可以通过图像、声音或手势等方式进行更多的表达。例如，莱克强调了语言的限制性，并认为创造性的叙述能够展现更深层次的思考；创造个人时间轴就是能够融合不同想法的一种方式（Leitch，R.，2006）。

（二）基于艺术的反思实践

使用基于艺术的反思实践的干预方案共有以下五个方面。

1. 书写反思

书写反思能够展现更深层次的思考。SWOT方法是常用的书写反思的方法。其中，S 是 strength，即个体的竞争优势；W 是 weakness，即个体的竞争劣势。这两者都是内部因素。O 是 opportunity，即个体拥有的机会；T 是 threats，即个体所受到的外部威胁。这两者是外部因素。下面通过举例说明该方法如何使用。

请大家写下自己的 SWOT，并思考以下的问题：第一，你关注的主要挑战是什么？第二，解释你如何将某些方法（如常规方法以及在认知、情感和行为层面上的调整等）纳入你的教学。

这是一位职前教师的书写反思。他的 SWOT 分析如下：他的 S 是擅长收集信息，有反思总结的能力，表达能力较强，具有活动组织能力，善于共情，掌握心理学的基本知识和科研能力较好，擅长合唱，打排球。他的 W 是非常易受情绪或外部的一些变化的影响，遇到内心冲突的时候容易产生自我怀疑，体形微胖，不擅长穿衣打扮，有时候会比较急躁，做事有些拖延。再来看一下他的外部机会有什么，即 O。他所在的学校和学习的专业在国内外都享有较高的学术声望，聚集了一批优秀的教师。他所在城市的就业机会相对其他地方要多。他拥有很多可以求助的对象，如导师、任课教师、朋友、同一专业的同学。存在于外部的威胁（T）有就业与继续攻读博士的冲突。此外，他的 T 还包括同一个专业的毕业生较多，就业竞争非常激烈，就业后的教师岗位是否符合自己的期待等；而出国攻读博士也存在很多的不确定性与风险，且费用比较高昂。

这位教师在使用 SWOT 方法对自己进行分析后，又思考了前述的两个问题。他关注的主要挑战是，如何安排未来的职业规划，探寻自己的优势，平衡自己的需求，在毕业后就业（心理健康教师）和攻读博士之间做出选择并为这个选择做出努力且为自己负责。在对第二个问题的回答中，他写道，尽可能大范围地收集信息，包括向老师、师兄师姐，或在论坛、网站上收集就业或攻读博士的相关资料；寻求帮助与支持，包括做心理咨询、找朋友倾诉、打排球等；学习放松的方法，如深呼吸放松、冥想等；扎实学习相关课程。

在完成书写反思后，这位教师明显感到自己的混乱、焦虑情绪有所减轻，明晰了自己接下来要做什么，对不确定性有了一定的耐受力。

2. 创造个人时间轴

该方法的实施包括四个步骤。第一步是觉察情绪，即回顾最近的某个情境或事件中自己所经历的4~6种情绪。第二步是建立关联，即描述与上述情绪相关的事件，然后将这些事件按照时间排列在一个轴上，并分别评估自己对这些事件的控制程度。如果对这些事件基本无法控制，就记作0分；如果能够完全控制，就记作10分。第三步是进行推论，即使用相关的资料来推论在类似情况下做出不同反应的可能性。第四步是重构，即思考未来在类似的情境中要怎样做，让自己思考下次会怎么做，如果这样做了会发生什么。下面以一个实例说明该方法如何使用。

一位职前教师在即将硕士毕业前陷入了是继续攻读博士还是就业的纠结与迷茫中，他不知道自己该如何进行选择。于是他使用了创造个人时间轴的方法来帮助自己。他首先觉察情绪，并建立情绪与事件的关联。他觉察到自己在这种纠结与迷茫中有混乱和担心的情绪，不知道自己究竟想要什么，也担心自己毕业后的工资不能负担得起生活。混乱和担心的强烈程度是4分。他还体验到了困惑，其写道，自己能否应对读博期间的挑战。如果选择就业还需要积累实习的经验，学习如何进行时间分配。他感受到这种情绪的强烈程度是3分。他还体验到了犹豫：被外界的声音左右，看不到自己真实的内心，在两个选择中不断摆动。这一情绪的强烈程度是3分。在体验到上述负性情绪的同时，他感受到自己有平静的情绪。他觉得自己体验到的平静情绪的强烈程度是7分。他认为在导师、心理咨询师和朋友的帮助下，他更加地了解自己，逐渐找到了内心的答案。接下来，他进行了推论与重构。在进行推论这一步时，他写道："我犹豫的很大一部分原因是被外界的声音左右。是否可以暂时放下外界的声音，把自己那些被压抑的想法和信任的人说一说？"在重构过程中，他思考在未来自己还可以怎样做。他写道："如果我和咨询师谈起那个被压抑的我自己，我可能会感到轻松一些。"

3. 创造与自我有关的图像

通过创造与自我有关的图像，参与者能够发现那些重要的但是以前并未发现、未表达出来或者半知半解的部分，并且将这些部分逐渐融入自己的社会与情感理解。

请大家准备包括建筑和自然环境、家庭活动和文化活动、描绘社会环境和家具用品的场景等主题的图片，从以上图片中随机挑选一些图片进行反思。最初可以把这些图片随机地平铺在地上，可以在图片的周围自由地行走，并选择几张能够在此时此刻与自己产生共鸣的图片。根据这些图片，我们可以回答以下几个问题：第一，哪张图片与我目前对自己角色的感觉产生了共鸣？第二，我现在所处的这间屋子里正在发生着什么？第三，哪张图片与我对某个具有挑战的事件的看法有共鸣？第四，我对明年有什么看法？或者我对接下来的几个月会有什么看法？或者在接下来的几个月里，抑或明年，我需要学习什么才能做好工作？

下面是一位教师采用该方法的示例，令其产生共鸣的图片如图 6-1 所示。

图 6-1　令教师产生共鸣的图片

这位教师根据对上述四个问题的思考写道："人生的路就像弯弯曲曲的河流。在河里漂流的我，不知道下一个转弯是什么时候。这种前路茫茫的不确定感有时会让我无所适从。但是，前路的未知并不能阻碍我现在的脚步，我依然走在人生的路上。无论走哪一步，我都要脚踏实地踩稳当下的路。我现在需要扎实地学好知识，这是最终做出选择的底气。"

4. 创作拼贴画

创造性表达可以让教师进入潜意识或内部认知状态。这会对教师的教学、学习和思考等起到促进作用。

创作拼贴画的步骤如下。第一步是置身于一个安静的环境中，思考现在是否有令自己内心感到冲突的事件或者正在面临一些有挑战性的事件。如果有，请以一个舒服的姿势坐好，轻轻地闭上眼睛，花些时间感受它们。第二步是通过网络或者旧杂志寻找自己觉得与上述事件或者与上述事件相关的感受相匹配的、能够引起共鸣的图片。第三步是准备一张白纸、一把剪刀和一根胶水棒。第四步是将找到的图案剪裁下来并进行拼贴，创作一幅与自己内心冲突或者所面临的挑战有关的拼贴画。

完成拼贴画后，我们需要尽可能多地描述这幅画，并进行思考和感受。具体思考的问题可以围绕以下内容展开：我所创作拼贴画的主题是什么？当我现在看着拼贴画时会想到什么？有什么情绪感受？我在创作拼贴画时遇到了什么挑战？在用视觉方式描述思维的过程中，我对自己的经历有什么看法？我是否发现创作拼贴画有助于自己思考和理解目前关注的具有挑战性的事件？如果是，以什么方式？创作拼贴画能让我以一种不同于书面形式的方式更好地理解和感受自己吗？如果是，请具体描述。下面是一位新手教师在创作的拼贴画（图 6-2）基础上针对上述问题思考后进行的写作。

图 6-2　拼贴画

拼贴画的主题：一位新手教师的苦恼与开解

毫不夸张地说，毕业之后的工作体验让我越发迷茫。这幅拼贴画描述的是在我工作之后的一系列困惑以及一些自我开解。

这幅画的正中央是一位年轻教师在夜晚临近12点时还在不断地忙碌，批改作业、听优质课、备新课、写教学计划、完成教案，但脸上仍然带着满足的笑容。开始工作的我和这位年轻教师一样，对自己的教学事业充满一腔热情，每天好像有很多的精力和时间去应对这些重复而繁杂的工作任务，虽然辛苦，但也开心。

可是日复一日地这样工作之后，我好像全身心投入的都是如何把自己的课上得更好，而忽视了与学生之间的课下交流和对他们作业的管理，最终呈现出来的结果不尽人意。学生虽然喜欢上课，但是课下作业完成效果差，考试展示出来的短期成果也不好。这使我第一次感受到了无助，就像画中面对着电脑手掩脸颊的女人一般，对着自己不算太好的教学效果一筹莫展。

  在很长的一段时间里，我都陷入对自己能力的深深怀疑。画中那个捧着一点光亮面对着未知道路的女孩也许是刚受打击，也许是恐惧未知，和我一样很努力但又没有成就。

  此时的我面前有了像画中的分叉线一样的两个不同的声音。一个是让我保持现状，先专注在课堂上；另一个是让我暂时放一放，向同事取取经，与学生好好交流。在我的大学生活中，我大多倾注在教学方法的改进、教学技术的提升上，很少甚至没有花心思在学生管理上。抱着我不会当班主任，不太需要跟学生打交道的想法一条路走到黑，结果在工作不到半年的时间里就被现实狠狠地上了一课。

  为了能让学生像画中一样在课堂上看到我是微笑的，我决定与有经验的备课组组长好好交流。组长很亲切地告诉我，有时候跟学生相处得好比课上得好更为重要。学生毕竟不是机器，是有感情、需要关注的群体。如果只是在课上与他们说话，他们就不会跟你说出自己内心真实的想法。这不便于你去改变自己的教学过程，而且教学本身就是建立在对学生的了解上的。如果只是专注技巧而忽略学情，那么效果肯定会大打折扣。所以还是先跟学生好好地交交心。另外，如果想要学生的表现有所改善，管理是很有必要的，不能盲目地相信学生的自制力，对他们的课后自学放任不管。

  谈心过后，我的心如画中那夕阳下的湖面一般平静无波，获得了片刻的宁静，但我又像那在钓鱼的人一般，看似已经有了"钓鱼"的目标，又不知道什么时候能把"鱼"钓上来。而且对于"钓鱼"的方法，我还处于不断摸索的阶段。我自己是很排斥利用一些"威胁"让学生将知识死记硬背于脑子里的。但他们好像又对自己应该做的事毫无感想，甚至觉得是老师让他们完成的任务，而不是他们自己需要完成的任务。我不想像画中的这位教师一般，每天让学生"过关"，既耗费自己的时间，也会让学生很反感。但不可否认的是自己好像又不得不这样做。

当这些我不愿意做又不得不做的事情变成现实的时候，我似乎能够更为客观地看待这些处理方式，听见自己心里的声音。我由衷地渴望与学生平等相处、让学生自主自制。但限于学生的心理并不如我所想的那般成熟，所以我更应该明白我身上的职责不只是教他们学习知识，还要在他们不能管理自己的时候伸出"援手"，对他们加以限制，才能让学生有选择走向那片自由之地的权利。

我应该抛弃自己对他们的刻板印象，将"他们应该怎么样"换成"我可以帮助他们变得怎么样"，随时把握学生心理的发展动向，在学生的管理上或松或紧，让学生学有所获，让自己教有所长。

5. 比喻写作

这项活动中可以使用以下句式，进行一段写作："教学就像……因为……"例如，在描述教师身份时，可以将教师比作"船长——我必须带学生去一个有暴风雨和巨浪的地方"。在描述教师职业面临的挑战时，可以做如下的比喻："练习轮上的沙鼠——努力但一事无成"。

下面是一位教师采用此方法进行的写作。

教学就像猴子学习在丛林中爬藤一样，因为一开始我们不确定自己有多大的力气去抓住下一根藤蔓。我们会被附近的其他猴子吓到，感到害怕，但它们自由摇摆的能力让我们备受鼓舞。我们在离地面更近的地方冒险，这样即使我们掉下去也不会感到疼。

我们开始意识到爬藤可以是有趣的，所以我们更多地尝试冒险。如果变得有点危险，但刺激的回报是值得的。有时我们抓住藤蔓，它不稳定。我们会犯错，我们会怀疑我们的选择，我们会恐慌，我们会认为我们失败了让自己和他人失望。我们攀爬另一根藤蔓，伸向空中，满怀希望。我们抓住另一根藤蔓，松了一口气。

工作让我们保持警觉，不断思考，但凡事总有值得学习的地方。如果我不试着去学习，我的小猴子怎么能学会从藤蔓上摇摆和突破极限呢？我需要教他们，给他们指明方向。

本部分探讨了如何通过基于艺术的反思实践来提升教师的复原力。这对于教师尤为重要，因为教学工作中充满了不可预测性和压力。经常练习不仅有助于提升教师的复原力，还能促进教师的持续发展。这些方法将教师从繁忙和压力中暂时解脱出来，给予他们一个重新认识自己、赋予权力的空间。因此，教师可以在提升专业能力的同时更加幸福、健康地生活。这不仅有益于教师自身，也会对学生和整个教育环境产生积极影响。希望所有教师尝试这些方法，为自己找到一个更加均衡和可持续的发展路径。

本讲小结

本讲就教师复原力进行了讲解，在介绍教师复原力的定义、教师特有的保护因素、危险因素和常用提升复原力的策略后，重点讲解了提升教师复原力的方法。为了帮助教师更好地掌握，介绍每种方法时都增加了具体实例。教师需要在日常工作、生活中有意识地使用这些方法，在使用中更好地了解自己，提升自己，做一位专业水平高且身心健康的教师。

本讲关键词

教师复原力　保护因素　危险因素　基于艺术的反思实践

进阶思考

本讲详细介绍了提升教师复原力的方法。请选择适合你的方法，思考如何在你的工作和生活中练习。

提升练习

1.【判断】教师复原力仅体现在个体层面(能力或特质)。（　　）

答案：错误

2.【判断】教师可以运用SWOT方法快速分析自己的优势、劣势、机会和威胁。（　　）

答案：正确

3.【多选】以下哪些因素可能有助于提高教师的复原力?（   ）

A. 拒绝与同事合作，独自承担所有教育任务

B. 每天都过度工作，不给自己休息的时间

C. 寻求心理支持和专业发展机会

D. 相信自己，有切合实际的期待

答案：CD

第七讲
教师角色冲突

本讲概述

本讲主要介绍了教师角色冲突的定义、教师角色冲突产生的原因及教师角色冲突造成的影响,最后详细介绍了如何使用音乐照顾自己的方法消除角色冲突带给自己的消极影响。

知识结构图

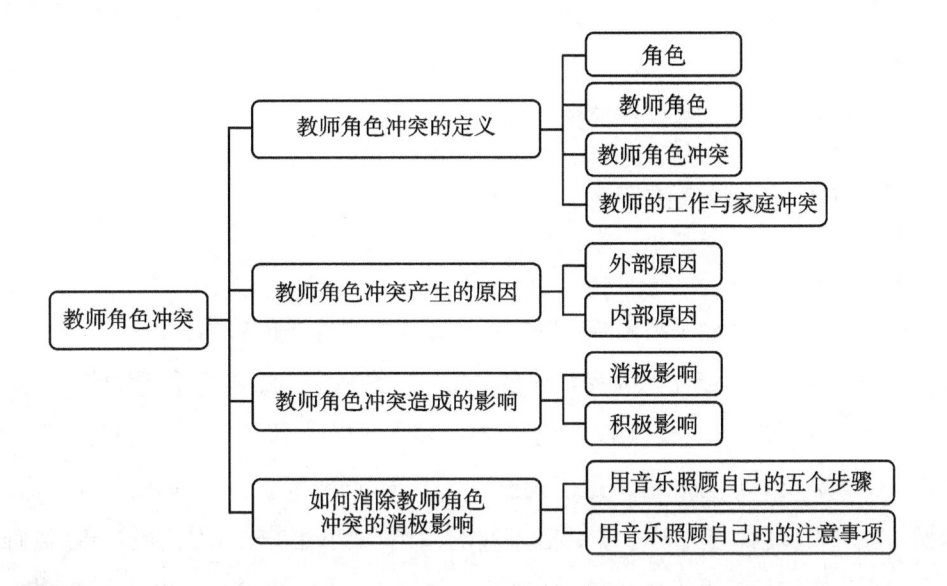

```
                    ┌─ 教师角色冲突的定义 ─┬─ 角色
                    │                     ├─ 教师角色
                    │                     ├─ 教师角色冲突
                    │                     └─ 教师的工作与家庭冲突
                    │
教师角色冲突 ───────┼─ 教师角色冲突产生的原因 ─┬─ 外部原因
                    │                         └─ 内部原因
                    │
                    ├─ 教师角色冲突造成的影响 ─┬─ 消极影响
                    │                         └─ 积极影响
                    │
                    └─ 如何消除教师角色 ─┬─ 用音乐照顾自己的五个步骤
                       冲突的消极影响   └─ 用音乐照顾自己时的注意事项
```

学习目标

学完本讲,你应该能够做到:

1. 了解教师角色冲突的定义、类型。
2. 了解教师角色冲突产生的原因。
3. 了解教师角色冲突给教师所造成的影响。
4. 独立操作用音乐照顾自己的方法。

> **读前反思**

1. 细数你身上所担负的社会角色有多少？时间和精力都是有限的资源。假设你拥有的全部时间、精力是100，粗略评估你给每个角色所分配的时间和精力。
2. 在你所担负的各种角色中，你比较享受的是什么角色？有令你不喜欢的角色吗？如果有，是什么？
3. 你在日常的生活和工作中怎样应对角色冲突？

不管一个人愿不愿意，踏入学校之后，终其一生，必须在不同的舞台上扮演不同的角色。人在一生当中必须扮演的主要角色依次是儿童、学生、休闲者、公民、工作者、夫妻、家长、父母、退休者。个体在扮演每种角色时，必须给其分配相应的时间和精力，而时间和精力又都是有限的资源。因此，角色冲突就会不可避免地出现。角色冲突是中小学教师压力源中影响相对较大的因素（马雅菊，2011）。鉴于此，本讲主要聚焦教师的角色冲突进行讲解。

一、教师角色冲突的定义

（一）角色

角色是个体在社会关系系统中的特定位置和与之相关的行为模式。它反映了社会赋予个人的身份、责任，以及与社会地位相一致的权利、义务和行为规范（郑杭生，2015）。如果对这一概念感到有些抽象，我们可以借用"人设"一词进行理解。角色定义中所涉及的行为规范就是指人设。人设一旦设定，就必须据此行动、做事。例如，京剧中有生、旦、净、末、丑不同的角色，"小生"一角的人设就是"俊雅"。所以无论是在其妆容上还是在其行为举止上都要按照"俊雅"这一基本规范来设定。

（二）教师角色

教师角色是将对角色的认识与理解限定在教师职业范畴内。根据《教育大辞典》，教师角色是指教师的与其社会地位、身份相联系的被期望行为（顾明远，1987）。它主要包括如下两个方面：其一是教师的实际角色，即教师在不同情境中通过自身行为实际表现出的角色。例如，有的教师易焦虑、急躁，遇到做事节奏与之不匹配的学生就容易发脾气。这可能就是他人格特质的一种反映。其二是教师的期望角色，即学生、教师、社会对于教师实践角色的理想化期待（盛宾，2005）。例如，"诲人不倦"一词就是对教师的一种理想化期待，要求教师在面对学生时始终做到有耐心、不发脾气、尽职。实际角色与期望角色常常发生冲突。例如，社会期望教师具有良好的思想文化修养，并不断学习以满足工作需要。信息化时代也对教师提出了更高的期望。而有些教师有时会难于跟上不断发展的形势的要求，培养人才的工作难以达到尽善尽美的程度。因此，教师的实际角色与期望角色间有时也会有差距。

我国自古以来就对教师角色有很多的描述。例如，学而不厌，诲人不倦；传道、受业、解惑；人之模范也，学高为师、身正为范。这些描述体现了社会对教师角色的要求、期待与尊崇。随着时代的发展，社会对教师提出了更多、更高的要求，传统的教师角色已不能满足人们对教师角色的期待与要求。在人工智能与教育融合的生态下，教师需要完成角色转换，不再仅仅是知识的传授者。一些研究者从应用互联网的角度入手，在分析"互联网＋教育"的特点后认为，互联网时代教师应由文化知识传授者转换为信息多元化下的引导者，由课堂教材单一执行者转换为课程教学的研究者，由教育教学管理者转换为师生关系的艺术家（曲文静，2019）。也有研究者通过对"知识""学习""教育"的重新认识，认为人工智能时代的教师是终身学习的向导与示范者、正确价值的引导者、个性化教育的实现者、心理与情感发展的沟通者、教育理论的创新者（陆石彦，2020）。

（三）教师角色冲突

在介绍教师角色冲突前先讲解与之相关的两个概念：一个是角色丛，另一个是多重角色。前者是指人们由于占有某一特殊的社会地位而具有的角色关系的全部。例如，"公立学校教师"这一社会地位具有的角色丛就包括与学生、同事、校长、教育行政管理者等相关的角色。后者是指许多相关角色的复合，由许多不同社会地位构成（阮琳燕，马永鑫，朱志勇，2020）。例如，在家庭情境中作为家人，教师可能需要扮演子女、兄弟姐妹、夫妻、父母等角色；在社会情境中作为社会人，教师可能需要扮演社区成员、同学、朋友、老乡、亲戚等角色。

所谓角色冲突是指在角色扮演的过程中，不同角色规范的不同要求常常会引起个体某一角色扮演的矛盾和冲突（谢计，2020）。美国学者威尔逊认为，所有对他人高度负责的角色都要经受相当多的内在冲突和不安全感（佐藤学，2003），而教师正是需要高度对他人负责的一种角色。教师角色冲突同样分为角色内冲突和角色间冲突（董泽芳，2010）。前者是指某一角色丛内各种角色之间关系的冲突。例如，教师既要按照校规、校纪严格要求学生，也要尊重、宽容、体谅学生。在班级管理时，教师要成为合格的"权威"，但是不能成为摆架子的权威；在与学生相处时，教师要成为学生的朋友，受学生的喜爱，但又不能放弃原则，毫无底线地满足"朋友"的要求。后者是指多重角色之间的冲突。例如，一位初中数学教师这样描述她入职以来近几年的生活："入职第一年我觉得工作和生活分不开。这一度让我充满了负罪感，觉得每时每刻好像都在工作，根本没有什么生活。"

（四）教师的工作与家庭冲突

教师的角色冲突类型众多。这里介绍多种冲突中更明显的一类：教师的工作与家庭冲突。这种冲突较为常见也较容易让教师产生困扰。

工作与家庭冲突通常被定义为由于工作角色和家庭角色对个体的要求不相容而产生的一种角色间冲突。也就是说，由于参与其中的一个角色，转换另一角色变得更加困难。这是一种角色间冲突。工作与家庭冲突具有双向性，分为工作—家庭冲突和家庭—工作冲突。当工作角色干扰家庭角色时，即工作上的需求可能导致难以完成与家庭相关的任务（包括照顾孩子、照顾老人和病人以及其他家务）时，就会产生工作—家庭冲突。

当家庭角色干扰工作角色时，家庭角色导致难以完成与工作相关的任务时，这可能包括有时加班、与工作相关的出差以及有时在家完成工作等，就会产生家庭—工作冲突。

对工作与家庭冲突的研究中较多都是聚焦于女教师群体。女教师既要面对沉重的教学压力（这源于学校对员工的职业角色期待），又要应对来自照顾子女和维系家庭的压力（这源于社会文化对女性的家庭角色期待）。针对女教师的特殊性，有观点认为，女教师在30岁左右迎来了事业发展的黄金时期。然而，在这个阶段，她们不得不同时面对结婚、怀孕和抚养子女等家庭角色的责任。这就导致了职业发展周期和家庭生命周期之间的冲突（徐今雅，蔡晓雨，2012）。身为教师的角色期待使教师需要花费大量的时间、精力、情感在教学工作上，确定教学目标，撰写教案，了解新知识的相关信息,掌握新的教学策略,同时要根据不同的教育对象采用不同的方式因材施教。这一系列的工作都迫使女教师不得不将生活的重心放到工作上。另外,女儿的角色、妻子的角色、母亲的角色这三者的期待则需要女教师为了家庭付出,稳定家庭状况,关心父母、丈夫、子女。于是女教师在职场中的角色期待与她们在家庭中的角色期待就发生了矛盾,进而产生冲突。

二、教师角色冲突产生的原因

教师角色冲突是如何产生的?下面从外部原因和内部原因两个方面进行阐述。

(一)外部原因

外部原因主要包括教师职业的特殊性、社会期待、教育环境和教师培训等。

1. 教师职业的特殊性

首先,教师的工作边界模糊,具有相对较高的溢出倾向(宁本涛,2019)。何为溢出倾向呢?众所周知,有些教师即便回到家也依然要备课,要与家长联系,即回到家中还要处理工作上的事情。另外,教师的劳动成果往往难以被直接观察到,这也是一个重要的原因。从核心素养的视角来看,学校教育的目标是为学生的终身发展提供服务,注重培养学生的关键能力、必备品格和正确的价值观。然而,这些任务无法在短时间内完成并立即见效。正如尼尔所言,与律师或医生相比,大多数教师都会有一种模糊的感觉,觉得自己的工作像一个无底洞,因为他们的工作似乎永远不会结束,看不到尽头(王国福,2020)。

2. 社会期待

不可否认的是,教师职业在同一时间或空间面临的角色期望远远超过其他职业(王国福,2020)。这种交叉的社会期望导致教师经常陷入两难境地,感到无所适从(樊小雪,王安全,2014)。社会对教师的期望过高,使教师难以适应各种角色要求(周艳,马勇,2003)。教师缺乏充足的时间和精力,无法满足所有角色提出的期望,从而产生矛盾(田彩云,2016)。社会期望教师成为理性的榜样、道德准则的楷模(如高尚的品德)、文化科学的权威、特定社会价值的维护者。学生通常将教师视为知识的化身、行为的榜样。家长希望教师能够成为一个"全能者",既能传授知识、培养道德，又能解决孩子的心理问题。在这么多的期望下，教师不仅扮演着"传道、受业、解惑"的角色，还扮演着管理者和学习者等多种多样的角色。

3. 教育环境

教师是一个面临高压力的群体，其压力与当前的教育环境密切相关（盛宾，2005）。教育教学改革进程的加快对教师的职业素质提出了极高的要求。例如，大学课程下沉，要求教师在短期内适应改革的步伐。此外，学校和社会对升学率的要求也会给教师带来巨大的心理压力。教师的工作负担和付出与他们的物质报酬和社会地位等不相匹配，也会增加教师的心理压力（李军兰，于近仁，2003）。综合种种矛盾因素，教师面临着巨大的心理压力。

4. 教师培训

从教师培训和教师专业化的角度来探讨教师的角色冲突，可以发现目前部分教师培训的效果不尽如人意。有些教师所学的教育理论知识仅仅停留在口头和理解层面，并没有真正融入教师的职业知识和经验，对于教师的教学实践没有起到应有的作用，导致出现了"两条腿走路"的现象（毛晋平，2003）。

（二）内部原因

内部原因主要包括教师的专业知识、认知评估和能量耗尽等。

1. 教师的专业知识

教师专业知识的缺乏会造成角色冲突（王琴，孙国宽，2009）。教师在教学过程中面临着一个主要困扰，即如何根据具体的教学情境做出决策，包括选择教学方法和评估学生学习结果的能力。然而，有些教师在教学组织中缺乏必要的决策权，如选择教材内容、安排课程以及确定评价方式等。教师的教学方法选择还受到教学目标等因素的限制，缺乏自主权（鲍嵘，2002）。这让教师很难树立明确的专业意识，很少有时间来仔细思考自己的职业发展，难以抓住机遇促进学生和自身的专业发展。在追求升学以及提升学生综合素质之间寻求平衡时，教师容易陷入角色冲突。

2. 认知评估

认知评估是指个体从自身角度对所面临的压力源的性质、程度以及可能造成的危害进行估计，也评估自身在面对压力源时可利用的应对资源。工作和家庭之间的冲突是许多教师面临的主要职业压力之一，有时会导致教师的职业倦怠。但并非所有受到工作与家庭冲突影响的人都会出现消极适应甚至倦怠的情况。压力源本身并不能决定压力的发生，而是通过个人的主观感受来决定的。换句话说，一个事件是否成为压力取决于个体对该事件的想法。在同样的事件下，对压力情境评估更为消极的个体往往会受到更多的负面影响。如果一个人认为自己对工作与家庭冲突的控制力和应对资源减少，那么他更有可能表现出消极的情绪和行为。因此，确定个体如何评估压力情况以及其应对压力的资源是非常重要的。

例如，王老师和张老师都要代表学校参加全市的教学基本功比赛。王老师总是担心自己的表现不好，无法取得好名次。而张老师则想着无论比赛结果如何，都可以通过备赛提升自己在教学方面的能力。由于两位教师对比赛的看法不同，他们的情绪体验也会有所不同。此外，两位教师都面临着需要照顾孩子的情况。王老师担心她准备比赛会花费大量时间和精力，自己无法照顾好孩子。这让她感到内疚和焦虑。张老师则考虑到如果碰巧遇到配偶出差，他可以请孩子与善于照顾孩子的同学家长一起玩。这样既满足了孩子想与朋友玩的愿望，也为自己争取出一些时间，认为即使自己一个人照顾孩子也没关系。晚上孩子睡了之后，他可以努力准备比赛，因为这是个难得的机会，而且并不会经常发生。他愿意用自己的努力克服困难。由于王老师和张老师对比赛的认知评估不同，因此他们的情绪和行为反应也会有所不同。这提醒我们要有意识地培养教师从多个角度看待同一事件的能力。

3. 能量耗尽

个人的能量耗尽也会导致角色冲突。个人的能力和精力是有限的，而工作和家庭往往难以兼顾。这意味着教师会面临着疲于奔命的局面，既要教育学校里的孩子，又要教育自己的孩子。例如，虽然可以与孩子约定"白天各自忙自己的事情，晚上一起分享收获"，但当教师结束一天忙碌的工作回到家时，可能已经精疲力竭，与孩子的互动效果肯定会大打折扣。

三、教师角色冲突造成的影响

角色冲突既会给教师造成消极影响，也有其积极影响。

（一）消极影响

教师角色冲突造成的消极影响主要体现在下述三个方面。

1. 工作方面

首先，教师的角色冲突会影响工作满意度。教师的角色冲突程度越强，其工作满意度越低。其次，教师的角色冲突可能会影响教师对组织的认知，进而导致离职意愿的产生。这是因为这些教师对于自己所做出的牺牲产生了质疑，从而降低了他们对组织的承诺，并促使他们有离职的意愿。最后，教师的角色冲突影响教师职业倦怠。在教师职业倦怠的影响因素方面，教师角色冲突扮演着一个重要的角色（杨梅，2009）。并且，教师的角色冲突对教师职业倦怠的影响更多反映在教师的情绪衰竭与去人性化方面。例如，初中班主任李老师正面临这种情况，她感觉到自己对工作的热情被耗尽，对同事缺乏关心。

2. 家庭方面

教师的角色冲突会影响家庭满意度，并可能对孩子的问题行为产生影响。教师在面对自己的孩子时可能会出现角色转换不清的情况，既要扮演职业角色，又要担当家长责任。他们往往对自己的孩子有更高的期望，甚至比对其他学生的期望还要高，因为他们难以摆脱家长的角色。教师常常承受着巨大的压力，他们对自己严格要求，同样以较高的标准要求孩子。然而，过多的批评可能会增加孩子的心理负担，打击他们的积极性，甚至导致他们出现叛逆心理，加剧了家庭与教育之间的鸿沟。教师也会感到困惑，不知道自己到底是父母还是老师。这种角色冲突不仅表现在情感上的模糊，也表现在工作和家庭之间的平衡以及边界的模糊，导致公私冲突的产生（袁竹，2021）。此外，教师在平衡工作和家庭时的方式和他们与孩子的亲子关系密切相关，而亲子关系又与孩子的行为密切相关。

3. 个人方面

教师的角色冲突会对教师的身心健康产生负面影响。角色冲突是一种心理冲突，会增加角色扮演者的心理压力。长时间的工作与家庭冲突会促使教师出现抑郁情绪、压力过大，并导致其生理健康水平下降等。工作与家庭的冲突与心脏代谢风险呈正相关。在年轻员工中，工作与家庭冲突越大，心脏代谢风险越大。同时工作与家庭的高度冲突也会导致较短的睡眠时间，对教师的身体健康构成威胁。另外教师经历的工作与家庭冲突越大,生活方式会越不健康。

（二）积极影响

教师的角色冲突虽然给教师带来消极影响,但也具有积极影响。

1. 有助于教师适应角色要求

尽管社会发展的目标之一是尽可能使社会要求与个体需求相一致,减少角色冲突的发生,但适度的冲突可以促使教师根据社会期望、职业要求以及特定的教育环境,不断反思自己的角色行为,审视自身的角色形象,并评估自己的角色扮演能力,以更好地适应角色要求。例如,当一位教师在教学过程中面临与学生之间的权威与亲近关系的冲突时,他可以通过反思和调整自己的行为,找到适合的平衡点,既保持教学秩序,又建立良好的师生关系。

2. 促进教师提高专业能力

适当的角色冲突能够帮助教师更深入地认识和了解自身的角色,准确地把握应该扮演的角色和相应的行为。通过不断认识和了解,教师能够更好地理解教育情境,了解外界不同的需求和期待,反思自己的行为,提高角色扮演能力,实现向成为优秀教师的转变。

3. 冲突的积极解决能使教师体验到成功的乐趣

当教师顺利地解决了冲突,取得了积极的效果时,教师会获得成就感、创造感、趣味感。冲突的解决过程越痛苦,这种成就感就越强烈(宋辉,张玲,2003)。

除了上述这些积极影响,后面还将介绍关于工作家庭增益的内容,让大家认识到工作角色和家庭角色之间除了相互冲突,也能够相互成就。

四、如何消除教师角色冲突的消极影响

如何消除角色冲突带给教师的消极影响呢?本讲将介绍一种用音乐照顾自己的方法。

（一）用音乐照顾自己的五个步骤

第一步是觉察。在时间允许的时候,找一个安静的空间,放下手头所有的事情,采取一个舒服的姿势坐好，闭上眼睛，忽略外界对自己的影响，花一些时间跟自己待一会儿。按照自己的节奏做几次深呼吸，允许内心的节奏慢下来，允许呼吸变得越来越深。随着呼吸变得越来越深，试着感受一下自己身体的状态。随着越来越多地感受到身体的状态，试着慢慢靠近自己的内心，走进自己的内心世界，花一些时间感受现在自己内心的情绪、状态。感受当下自己是什么心情，尝试用语言描述自己的情绪。是放松、开心的？是焦虑、急躁的？是无聊、烦闷的？抑或是别的任何的感受。从头到脚慢慢地感受自己的身体，有什么感受呢？也尝试用语言或颜色、线条甚至画面描述自己的感受。

第二步是接纳。花一些时间接纳自己当下的状态，试着和自己当下的状态在一起，既不要试图转移，也不要回避当下的状态；无论自己有什么样的情绪和身体上的感受，都要允许这些感受的存在。不需转移，也不要回避，与自己这些真实的情绪和身体感受待在一起。

第三步是共情。尝试共情自己当下的状态，试着跟自己当下的情绪、感受待在一起，花点时间感受自己当下的需要。此刻，自己的身心需要怎样的照顾呢？也许自己此时感到精疲力竭，需要在音乐中得到放松和休息；也许自己此时过度着急焦虑，需要在音乐的帮助下清空自己的精神压力；也许自己此时感到积累了太多激烈的负面情绪，需要在音乐中进行宣泄；也许自己此时感到孤单、无助，需要音乐理解和陪伴自己……也许自己此刻也说不清楚自己的需要。没关系，只要让自己保持开放的态度，尝试着和自己的身心感受待在一起。

第四步是选择音乐。此刻自己已经觉察到自己的身心需要。因此可以询问自己，什么样的音乐能够满足自己此刻的需要呢？在自己的音乐库中寻找能够帮助自己的音乐。在选择音乐时，放下对音乐的评价，以开放的、好奇的态度聆听音乐，找到可以帮助自己的音乐。如果此时有什么音乐立即浮现在头脑中，无须犹豫，就选择该音乐即可。如果没有即刻想到什么音乐也没有关系，可以打开自己收藏的音乐库，尝试从中寻找此刻能够满足自己需要的音乐。如果自己没有这样的音乐库也没有关系，请保持开放的态度，带着此刻的感受，通过网络寻找满足自己需要的音乐。例如，在搜索引擎上输入"宣泄情绪的音乐""放松身心的音乐""情感支持的音乐"等，在输出的音乐列表中聆听三首，每首聆听二十三四秒即可，凭直觉选出自己想要的音乐。如果三首中都没有令自己十分满意的，从中选出一首足够好的即可。

第五步是聆听音乐。在音乐的节奏、旋律、音色等元素中感受音乐带给自己的影响。带着自己的情绪和身体状态进入音乐，让自己充分地向音乐敞开，全身心地跟随音乐，在音乐中自由畅游，让音乐带着自己去任何想去的地方。自己可能会在感受音乐中看到一些画面，身体上会有一些感觉，或者体验到一些情绪。请跟随这些脑海中的画面、身体感觉和自己的情绪，专注地享受音乐带给自己的影响。当自己觉得可以的时候，把音乐停下来。

在结束一场音乐旅程后，如果愿意，可以尝试把刚才的重要体验写一写、画一画，或许自己会有新的体验与领悟。如果不愿意进行这一步，直接跳过即可。

（二）用音乐照顾自己时的注意事项

1. 遵守同步原则

所选的音乐要与自己的心情同步。音乐犹如知己，它有陪伴、理解的功效，让人在被陪伴、被理解中释怀。所以，我们选择的音乐和自己的身心状态应是一致的，而非伤心的时候挑一首欢快的音乐把伤心"压抑"下去。

2. 共情

因为同步，所选择的音乐就犹如一位心理咨询师。陪伴、倾听，满足自己当下的需要，从而达到照顾的目的。在此处特别要强调的是，所选择的音乐应是满足"自己的需要"而不是"自己的想要"。"需要"和"想要"是有很大区别的。

3. 放下评判

选择自己喜欢的至少是能接受的音乐表达形式或音乐风格。放下对各种音乐表达形式或音乐风格的评判，音乐没有绝对的高低优劣之分，适合自己的就是最好的。

4. 珍视自己在感受音乐中的特异性

每个人对音乐的感受都是独特的。即使同一个人，在不同的时间和状态下，对同一首音乐作品也可能会有截然不同的感受和领悟。

5. 音乐不仅可以改善负面情绪，还可以强化积极情绪

当自己受负面情绪困扰时可以用音乐做自我照顾。当自己情绪积极时，可以用音乐使积极情绪得到强化。之后我们会更有力量应对工作、生活中的困难，更有能力处理自己的负面情绪。

本讲小结

本讲就教师角色冲突的相关内容进行了阐述。首先介绍了教师角色冲突的定义；其次讲解了教师角色冲突产生的原因；再次介绍了教师角色冲突造成的影响；最后教授用音乐照顾自己的方法，帮助教师消除角色冲突所带来的消极影响。

本讲关键词

教师　角色　角色冲突　工作与家庭冲突

进阶思考

在学习完成本讲内容后，你能发展出属于自己的自我照顾的方法，以缓解生活、工作中角色冲突对你造成的消极影响吗？

提升练习

1.【判断】个人的能量耗尽会导致角色冲突。（　　）

答案：正确

2.【判断】适当的冲突可以使教师不断衡量自己的角色扮演能力，向角色要求靠拢。（　　）

答案：正确

3.【判断】在用音乐照顾自己时，应该放下对音乐的评判。（　　）

答案：正确

4.【多选】在选择音乐时应该考虑以下哪些因素？（   ）

A. 自己的喜好　　　　　B. 音乐的流行程度

C. 他人的意见　　　　　D. 当前的心情

答案：AD

5.【多选】以下哪些选项是造成教师角色冲突的外部原因？（   ）

A. 教师职业的特殊性　　B. 社会期待

C. 教育环境　　　　　　D. 教师培训

答案：ABCD

第八讲
教师工作家庭增益

本讲概述

为了帮助教师从积极的视角理解工作与家庭之间的关系，本讲主要围绕工作家庭增益讲述工作与家庭的滋养关系、工作与家庭的滋养关系的发生和获得滋养型的工作家庭关系这三个问题。

知识结构图

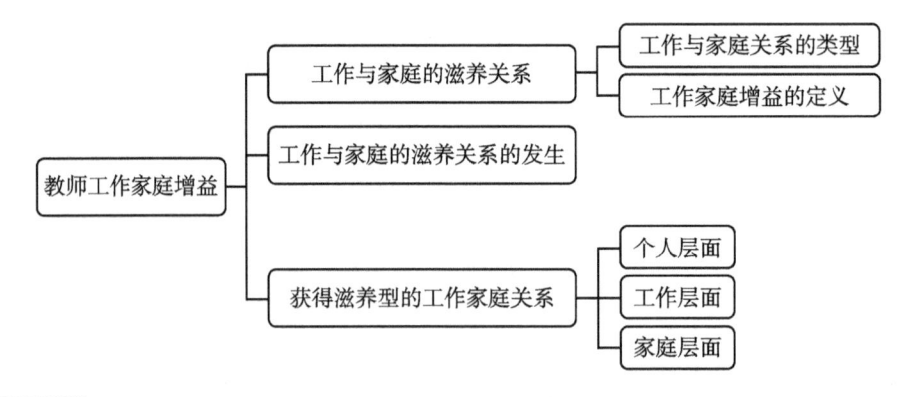

```
                        ┌─ 工作与家庭的滋养关系 ─┬─ 工作与家庭关系的类型
                        │                        └─ 工作家庭增益的定义
教师工作家庭增益 ───────┼─ 工作与家庭的滋养关系的发生
                        │                        ┌─ 个人层面
                        └─ 获得滋养型的工作家庭关系 ─┼─ 工作层面
                                                 └─ 家庭层面
```

学习目标

学完本讲，你应该能够做到：
1. 理解工作家庭增益的定义。
2. 了解工作家庭增益的发生机制。
3. 掌握获取工作家庭增益的方法。

读前反思

在我们的生活当中，提到工作与家庭，大家首先想到的是二者之间的冲突关系，往往探讨的也是如何进行平衡的问题。然而，我们不禁要问，难道工作和家庭永远都只能是处在对立的关系当中吗？工作与家庭之间就无法产生积极的互动吗？

对此，你的想法是什么？

一、工作与家庭的滋养关系

事实上，从积极心理学的视角来看，工作和家庭之间不仅会有冲突，也可以相互成就、相互滋养。

在正式讨论工作与家庭的滋养关系之前，我们先来做一个小活动：请大家调整好坐姿，让自己舒服地坐在椅子上，慢慢闭上眼睛，调整呼吸，让自己安静下来。请大家回忆一下自己一天是如何度过的。早上几点起床？到学校后第一件事是做什么？上午一般是怎样度过的？午餐会吃些什么？下午有几节课？几点钟可以离开学校？晚上回到家里又是如何安排的？这一天的心情如何？

我们一起来看看下面这位冯老师的一天，如图 8-1 所示。

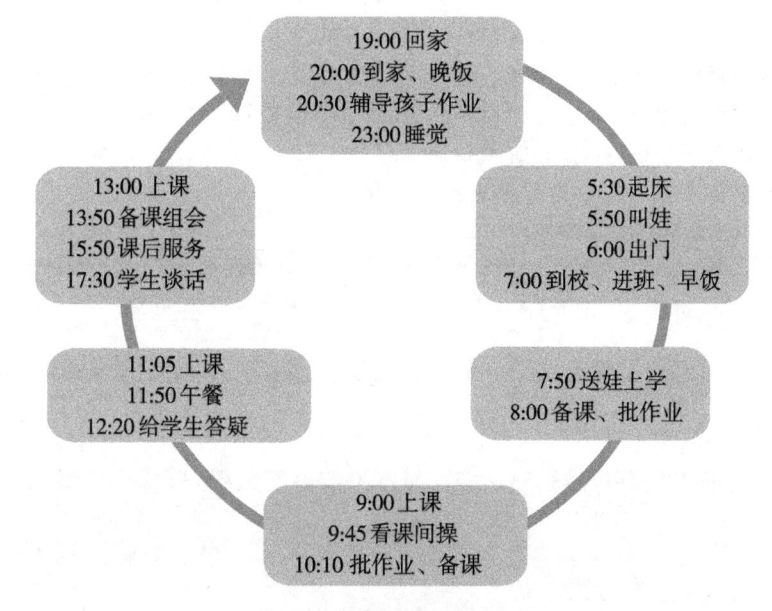

图 8-1 冯老师的一天

冯老师的一天是我们非常熟悉的日常生活。在这样的一天中，我们从家庭到学校，从学校到家庭，扮演着多种角色，承担着各种责任。工作与家庭这两个生活中重要的模块以各种不同的方式进行着互动。

（一）工作与家庭关系的类型

工作与家庭的互动方式形成了不同类型的工作与家庭关系。下面呈现了四种关系类型，如图 8-2 所示。

相互对抗型	完全融合型
想在工作和家庭之间画一条分界线，但是总也不成功；晚上回到家里不得不备课、批改作业，白天在学校又不得不牵挂家里的老人和孩子；越想把工作和家庭分开越不成功，内心总是抗拒	工作和家庭之间的界限有点模糊，总是会在家里加班，也会在工作时间处理家事；久而久之，家里人会抱怨你的工作干扰了正常的家庭生活，学校的领导也会对你占用工作时间处理家庭的事情有意见；你感到挫败和苦恼
单方退行型	**动态平衡型**
工作和家庭之间有界限，分两种情况：每天都需要在学校工作到很晚，回到家里都顾不上自己的家人和孩子，工作占用了你的绝大部分精力；家里有小孩或者老人要照顾，总是需要请假，没有太多精力放在学校里	工作和家庭处在一个动态的平衡状态：有些时候学校需要你付出更多的精力；有些时候家庭需要你花费时间

图 8-2　不同类型的工作与家庭关系

大部分教师可能是属于动态平衡型。当我们谈到工作和家庭的关系时，大多数时候都在讨论如何让它们处在一个平衡的状态里。但是其实还有一种类型要比动态平衡型更加有利于我们获得幸福，那就是本讲要讲的滋养型，即工作家庭增益。

（二）工作家庭增益的定义

在讨论工作家庭增益的概念之前，先来看两个小故事。

故事一

这是笔者自己的故事。前几年，我做过一年的七年级班主任。按照很多老教师的说法，学生一般到八年级才会显现出非常典型的青春期特征。但是在我的班上这个特点在七年级刚开始时就非常凸显。班上有几个特别有个性的学生，很有自己的想法，情绪也比较急躁。有一次，班里要准备合唱节的练习曲目。当时距离正式比赛的时间已经比较短了，但是学生练得还不太好，我也比较着急，所以在没有提前跟学生商量的情况下就直接通知他们再占用一个中午的时间进行练习。当时负责带着大家排练的一个学生就直接在班里说："为什么还要占用时间啊？"我没有太多经验，对她比较生气，甚至觉得这个班都要带不下去了。类似这样的事情还有很多。在和这些青春期孩子相处的一年当中，我越来越体会到做一个青春期孩子的父母是多么不容易的。这是因为我想起了自己在上高中的时候也有一段时间总是容易发脾气，和父母的关系不太好。后来随着年龄的增长，我就会非常注意向父母表达我的感恩和爱，如给他们买一些礼物、过年过节发个大红包等。正是因为工作中"带孩子"的体验，我更加理解我的父母，和他们的关系更亲近。

故事二

这是听同事分享的故事。故事的主人公是一位中年数学教师。在她孩子高中准备出国的那段时间，恰好她也刚刚申请到一个市级研究课题。因为是课题负责人，需要做的工作非常多，她就非常忙，原本是想在高中最后这段时期好好陪陪孩子的，但是实在没有时间。后来，她想了一个办法，就是下班后或者周末和孩子一起到学校或者咖啡馆。妈妈工作，女儿学习、准备申请出国用的资料。她们会在对方有懈怠苗头的时候相互鼓励，形成了特别好的学习氛围。最后，孩子很顺利地申请到了国外的一所排名很靠前的学校。这位教师也顺利完成了她的课题研究，又过了几年也顺利被评为特级教师。对于这位教师来说，她和孩子在特殊时期结成的学习同盟让工作和家庭变成了相互促进的关系。无论是孩子对她的陪伴还是她对孩子的榜样示范，都让她能够既成为一位优秀的教师，又能做一个优秀的妈妈。

工作家庭增益在心理学上是这样定义的：它是指一种角色体验可以在多大程度

上提升另一种角色的生活质量。生活质量包括良好表现（做得好）和积极情感（心情好）。其中，角色体验具体是指在工作或家庭中的角色。比如，工作中我们扮演着教师、班主任、学校干部等角色，回到家里我们扮演着妻子、丈夫、爸爸、妈妈等角色。工作家庭增益可分为两个方向：工作对家庭的增益，即在学校里获得的工作体验能在多大程度上让家庭生活变得更好；家庭对工作的增益，即家庭里的生活体验能在多大程度上让工作表现更佳。工作和家庭呈现出一个正向、积极的循环。

工作家庭增益会带给教师更高的工作满意度、更强的组织认同感、更高的家庭和生活满意度、心理健康和身体健康以及更低的离职倾向。

二、工作与家庭的滋养关系的发生

体验活动

写一写：工作和家庭有哪些待挖掘的宝藏？

活动准备：便笺纸10张、签字笔一支。

活动要求：请你围绕工作与家庭可以产生的五类资源（具体技能与看待世界的方式、身心资源、社会关系、灵活性、物质资源），思考下述两个问题，并将其写在便笺纸上。每张便笺纸上要求写一种类型的资源。

1. 工作角色（任课教师、班主任、管理者等）帮助你获得了哪些资源？

2. 家庭角色（妻子、丈夫、母亲、父亲等）帮助你获得了哪些资源？

活动示例：可参考图8-3。

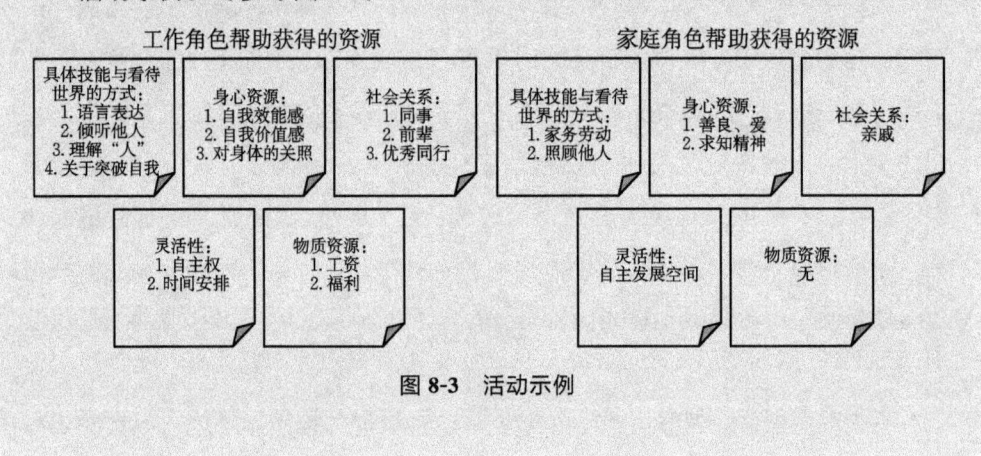

工作角色帮助获得的资源

- 具体技能与看待世界的方式：
  1. 语言表达
  2. 倾听他人
  3. 理解"人"
  4. 关于突破自我
- 身心资源：
  1. 自我效能感
  2. 自我价值感
  3. 对身体的关照
- 社会关系：
  1. 同事
  2. 前辈
  3. 优秀同行
- 灵活性：
  1. 自主权
  2. 时间安排
- 物质资源：
  1. 工资
  2. 福利

家庭角色帮助获得的资源

- 具体技能与看待世界的方式：
  1. 家务劳动
  2. 照顾他人
- 身心资源：
  1. 善良、爱
  2. 求知精神
- 社会关系：亲戚
- 灵活性：自主发展空间
- 物质资源：无

图8-3 活动示例

当工作和家庭生成了丰富的资源以后，它们将通过两种方式进行滋养型的互动。

第一种是直接的方式，即积极资源的转移。积极资源主要包括技能与视野、心理和生理资源、社会资源、灵活性以及物质资源。对于教师来说，来自工作的积极资源包括教学技能、与学生家长等进行沟通的能力、对教育规律的理解、自信心、同事关系、灵活的上下班时间、工资和寒暑假等。来自家庭的积极资源包括时间管理能力、家人带给自己的情感支持、亲友关系、家庭经济基础等。当然，并非所有的资源都能从一个领域转移到另一个领域，转移过程会受到一些因素的影响。比如，人们内心是否看重另外一种角色。一个不看重家庭的人，无论其在工作上取得多大的成就，也不必然使他经营好自己的家庭；一个不看重工作的人，无论其家庭生活过得多么滋润，带给他多少积极资源，也不必然使他做好自己的工作。还有一个影响因素是这些资源和另外一种角色是否相关，与另外一种角色的需求是否一致。比如，教师无论在学校是多棒的教学高手，当回到家想给孩子辅导功课遭到拒绝时，教学技能就无法从工作转移到家庭中来。

第二种是间接的方式，即积极情感的流动。比如，教师今天上完了一节公开课，这节课历经近两个月的准备时间，最后的呈现得到了同行和专家的高度认可。教师感到非常高兴，带着这种愉悦的心情回到家中。这时候教师会扮演一个孩子眼中的好家长角色。另外，因为前一天和家人一起做饭、吃饭，度过了一个非常快乐的夜晚，第二天教师带着一份好心情来到学校。看到有学生没有带作业，教师没有像往常一样严肃批评他，而是温和地请他说一说原因并且要求他想办法改正。这时候学生会觉得教师尊重了他。正是因为积极情感的流动，工作与家庭之间展开了滋养型的互动。这个过程只受到一种因素的影响，即是否看重另外一种角色。

理论之窗

工作家庭增益的发生机制如图 8-4 所示。

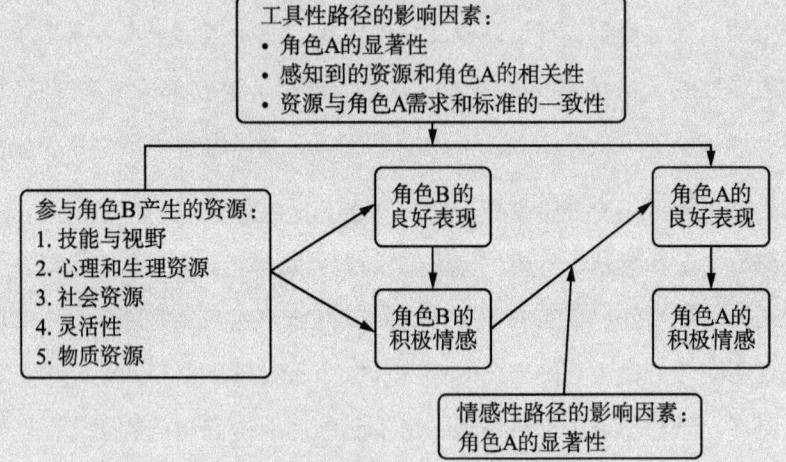

```
                    工具性路径的影响因素：
                    • 角色A的显著性
                    • 感知到的资源和角色A的相关性
                    • 资源与角色A需求和标准的一致性

参与角色B产生的资源：        角色B的              角色A的
1. 技能与视野               良好表现             良好表现
2. 心理和生理资源
3. 社会资源                 角色B的              角色A的
4. 灵活性                  积极情感             积极情感
5. 物质资源

                    情感性路径的影响因素：
                    角色A的显著性
```

图 8-4 工作家庭增益的发生机制

资料来源：Greenhaus, J. H. & Powell, G. N., "When Work and Family Are Allies: A Theory of Work-Family Enrichment," *Academy of Management Review*, 2006(1).

因此，从工作家庭增益的发生机制来看，我们有如下几点启发：首先，我们需要把工作和家庭两种身份角色都放到同等重要的位置上。幸福的生活是工作和家庭双赢的生活。其次，我们需要有资源意识。在生活中，有意识地问问自己，工作场合有哪些积极资源是可以在家庭生活中使用的？家庭生活里又有哪些资源是可以帮助工作的？主动发掘与创造资源更有利于工作与家庭的积极互动。最后，我们需要为自己的生活创造一些积极的情绪，让好心情在工作与家庭中流动起来。

三、获得滋养型的工作家庭关系

理论之窗

工作家庭增益的影响因素包括如下三种。

1. 个体因素

人格特质包括情感倾向性、大五人格、核心自我评价、追求成就几个方面。

情感倾向性包括积极情感和消极情感两个维度。其中具有积极情感的个体倾向于表现出高兴、激动和精力旺盛；具有消极情感的个体往往表现为焦虑、愤怒和沮丧。米歇尔等人的研究表明，积极情感与工作家庭增益呈正相关，并解释工作家庭增益变异量的24%。

大五人格中的外倾性、宜人性、尽责性和经验开放性与工作家庭增益呈正相关，但神经质与工作家庭增益无显著相关性。同时，米歇尔等人指出，外倾性和经验开放性相较于其他维度而言能够更好地预测工作家庭增益。这是因为具有外倾性的个体更善于社交，并倾向于产生积极情感，从而拥有更多的积极情绪体验。而具有经验开放性的个体更容易掌握新方法、新技能，产生新思想、新对策。这些能够帮助个体更好地解决不同的角色需求，促进工作家庭增益的实现。

核心自我评价指的是个体对自我能力和价值所持有的基本的评价和估计，包括自尊、一般自我效能、控制点和情绪稳定性四个维度。韦斯特林等人指出拥有积极核心自我评价的个体能够感知到更多的支持，进而充分利用有利于实现工作家庭增益的机会，有效处理多角色之间的关系，从而促进工作家庭增益的实现。麦克纳尔等人的研究进一步验证了韦斯特林等人的观点，并指出高核心自我评价的个体依存于更大的"心理资源库"，并更容易感受到工作家庭增益。卡拉提佩等人的研究表明拥有积极核心自我评价的个体具有高工作投入，并且能够更好地整合工作角色与家庭角色，从而实现工作家庭增益。

追求成就是坚毅性人格的重要维度之一。高成就追求者有较高的抱负，并努力工作以实现他们的目标；而低成就追求者往往表现为懒散，没有追求成功的动力，缺乏抱负，毫无目标。普罗斯特等人的研究结果表明，追求成就与工作家庭增益呈正相关，这是因为高成就导向的个体往往表现为积极活跃、认真对待工作、全身心投入工作、勤奋刻苦，由此提高其工作绩效，并获得更多与工作相关的资源，如新技能、新机会以及积极的情感体验等。这些资源有利于实现工作家庭增益。

在工作家庭情境中，当个体同时面对巨大的工作压力和繁重的家庭事务时，积极思考的个体善于发现并关注工作中能够直接给家庭带来益处的方面，积极主动投入工作，实现工作目标，获取额外的工作收入，进而提高家庭生活水平，实现工作对家庭的促进。反之亦然。

由于个体价值观和生活状况的不同，个体对工作和家庭领域的"分割或融合"存在不同的偏好。有些个体倾向于在工作和家庭之间建立边界，他们会尽可能分开工作和家庭领域，如下班回家后从来不查阅与工作相关的电子邮件。另外一些个体则偏好工作和家庭生活的整合，如他们在工作时会接听家人的电话或在家里时也会与客户或同事保持联系。同时，工作边界与家庭边界存在非对称的渗透。比如，有的个体允许工作生活渗透到生活中去，但不允许家庭生活影响工作。相较于工作家庭边界的分离偏好，工作家庭融合偏好有利于实现工作家庭增益。

2. 工作因素

有学者研究工作疏离感与工作对家庭增益的关系，在其研究中将工作疏离感划分为缺乏工作权力和缺乏工作意义两个维度。研究结果表明，当员工感知到自己的工作缺乏权力或者缺乏意义时，会阻碍其实现工作对家庭增益；且相较于工作无权力维度，工作无意义与工作对家庭增益的负向关系更为显著。

巴拉尔等人的研究发现，工作特征如工作自主性、技能多样性、工作权责明确、工作重要性及来自工作和其他人员的反馈等能显著预测工作对家庭增益。还有研究发现，工作自主性能显著提高工作对家庭增益的水平。

韦恩等人研究工作家庭支持型文化与工作家庭增益的关系。研究结果表明，由于工作家庭支持型文化能够为员工提供一个更加灵活的工作环境以及对员工满足家庭需要给予更人性化的回应，因此能够使员工体验更多的积极情感并促进工作家庭增益的实现。同时，较少的工作时间要求作为支持型工作家庭文化的维度之一可以显著预测两个方向的工作家庭增益。即员工能灵活支配下班后的时间而不被未完成的工作任务所占用，可以有很多的时间精力满足家庭角色需求。

一方面，工作投入使个体在工作中获得知识、技能与经验。这些资源可直接用于家庭领域，促进家庭绩效的提高。另一方面，高工作投入的个体往往表现为精力充沛，心情愉快。这些积极情感的产生会促进家庭生活质量的提高。

3. 家庭因素

一般来说，拥有子女与配偶的个体产生的增益作用多于冲突作用。但当子女的年龄较小（小于 6 岁）时，冲突作用多于增益作用。拥有子女和配偶的员工通过从子女和配偶身上获得动力与干劲，在与配偶的互动体验中感知到成就感，并习得人际沟通、培养耐心等技能。当个体在工作中使用这些习得的经验和技能时，便实现了家庭对工作增益。当子女的年龄较小时，员工需要花费更多的时间精力来照顾，由此降低了个体的工作投入，不利于实现家庭对工作增益。

有学者在其研究中探讨了夫妻凝聚力与工作家庭增益的关系，研究结果表明夫妻凝聚力与工作家庭增益呈正相关。这是因为夫妻凝聚力强的家庭往往表现为以情感为纽带，结成同盟、团结和睦并亲密无间。这样的家庭特征有利于个体更好地应对生活与家庭挑战及危机，提高个体的满意度以及更好地实现家庭角色的转变，促进工作家庭增益的实现。

韦恩等人研究家庭支持对工作家庭增益的影响时，将家庭支持分为情感性支持和工具性支持。研究结果表明，情感性支持如家庭成员对个体工作生活的关心和理解、为个体处理工作问题提供建议等有利于个体实现家庭对工作增益。但工具性支持如家庭成员分担家务等与家庭对工作增益无关。这或许是因为分担家务能够使员工平衡工作生活与家庭生活的时间和精力分配，减轻个体的压力，降低工作与家庭冲突，但并不会直接促进工作家庭增益的发生。

阿利斯等人指出，对家庭活动有较高心理投入的个体将致力于承担家庭责任，满足家庭活动需求，并从中体验到成就感与满足感。当这些积极情感与益处渗透到工作领域时会促进家庭对工作增益。对家庭任务的时间与精力投入包括从事家务劳动和照顾家人能够产生家庭对工作增益。这是因为个体可能在从事家务劳动的过程中变得细心、有条有理，在照料家人、与家人互动的过程中变得心情愉悦，体验幸福感。当个体将这些带到工作领域时，个体会更好地与同事互动，更细心地处理工作，由此实现家庭对工作增益。

资料来源：转引自翁小翠，《工作—家庭增益前因变量述评——基于人—环境匹配视角的整合研究》，硕士学位论文，东北财经大学，2016。

科学研究结果为我们了解工作家庭增益提供了有益的参考。具体到现实生活中，我们可以尝试从个人、工作以及家庭的不同层面去获得滋养型的工作家庭关系。

（一）个人层面

1. 善于利用积极资源

怎样可以做到善于利用积极资源呢？给大家分享田老师的故事。田老师是一位体育老师，因为参加了学校的心理课题研究，读了很多积极心理学方面的书。有一天她在一本书上读到了目标设定的 SMART 原则，觉得受益匪浅。恰好当时是在 2022 年年初，是大家开始为新的一年制订计划的时期。她想，既然学了就要去试着应用。于是回到家里，她就指导和帮助自己的两个孩子（姐姐读小学二年级，弟弟读幼儿园）使用 SMART 原则制订了一个学期的学习计划，内容丰富、任务明确。同时她是一位执行力很强的妈妈，每天都会监督着孩子去完成任务。一段时间以后，姐姐的班主任邀请田老师在班上分享自己的学习经验，并介绍对孩子是如何做到合理规划、专注投入的。因为在学校参与某项工作有了学习和收获，接着把它应用在自己的生活当中收到了好的反馈，田老师觉得非常有成就感，所以她就更愿意投入学校的工作、学习更多的知识与技能，同时反哺到家庭生活当中，从而让自己的生活与工作形成一个积极、正向的滋养关系。

积极资源的来源是非常广泛的，可以来自学习、来自实践反思、来自家人分享等。重要的是，我们需要保持一个最大限度地挖掘和利用积极资源的意识。这样我们的工作和家庭才更容易建立积极的互动关系。

2. 情绪觉察训练

教师的工作很大一部分属于情绪劳动，我们每天都需要面对自己的各种情绪起伏。有一个较为实用的方法是，当我们感受到自己的情绪状态不太好的时候，可以先给自己按下暂停键，问问自己"我怎么了"，然后尝试去觉察自己的身体、想法和感受。比如，"我注意到自己有点胸闷"，"我注意到这是一段痛苦的回忆"，"我注意到我很愤怒"。当我们停下来去觉察的时候，哪怕只有短短几十秒，也会发现那种难受的、愤怒的、焦虑的情绪会有所消散。等到情绪更加平静甚至更加愉悦的时候，我们再去面对家人，就比较容易有良性的互动。

（二）工作层面

心理学家契克森米哈伊在《心流》这本书中这样描述心流状态，当人们全神贯注地投入某种活动时，会获得一种贯穿全身的感觉。在这种状态下，动作非常连贯，似乎受到了一种内在逻辑的牵引，无须主体有意识地进行干预。这种连贯性就好像是一股流。此时，自我与环境之间、刺激与反应之间、过去和现在以及未来之间的差异微乎其微。例如，有位教师在上课时进入了心流状态。他是这样描述的："觉得自己状态好的时候，对自己没有什么感受了。所有的状态都是现场生成的，是自然而然地表现出来的。学生下课会说，老师，您上课的时候怎么这么高兴啊？其实，那时自己没有意识到自己很高兴，只是沉浸其中了。而且始终觉得上班是一件幸福的事情。一上课，身体上、心理上的不痛快都被抛掉了，对它们没有感觉，但上完课之后它们又都回来了。"

从描述当中我们能感受到，这是一种很美妙的状态。如果能够在工作中多体验这样的状态，我们的整个生活都会比较幸福。心流的产生有一定的条件，它需要所做之事与技能水平恰好匹配。如果任务太具有挑战性会让人感到非常焦虑，而如果任务过于简单则容易让人觉得无趣。

如果想要在工作中创造心流体验，我们可以尝试重新设计自己的工作。比如，设计挑战和能力相匹配的目标。对于新入职的教师来说，可以先尝试把一堂课的目标设定在完成基本的教学任务上，而不用要求自己必须关注到每一个学生的反应。对于比较有经验的教师来说，因为对于讲授的内容已经比较熟悉了，那么就可以提升授课难度，给自己设定更多关注学生学习情况的任务。随着经验的增加，我们把一堂课的任务复杂度逐渐升级，那么在这个过程中就比较容易进入心流状态，享受和学生在一起的每一堂课。

能否在工作当中创造更多的心流体验取决于我们是否可以培养一种自得其乐的性格。比如，有的教师把批改作文看作了解学生心灵世界的难得契机；有的教师把做数学试卷当成一个个刺激的挑战游戏；有的教师在班级管理中享受和学生"斗智斗勇"的过程；等等。自得其乐就是能够把看似普通和平凡的日常工作转化成自己心灵的享受。这样才会为生活创造更多的乐趣，也更容易让我们投入其中，体验心流。

(三)家庭层面

1. 放下完美学生标准

作为教师的父母,他们在学校里见到了很多优秀的学生,对于一个优秀的孩子应该是如何成长发展的比较了解。这样他们回到家里在缺乏觉察的情况下就容易情不自禁用那些完美标准去衡量自己的孩子,在孩子身上能够看到的只能是他做得不够好的地方。这就非常容易影响彼此的关系,导致工作对家庭产生负面影响。

2. 转换身份角色

教师需要学会在回到家里时转换一个身份角色,提醒自己"现在我已经不是管理教育几个班级学生的老师了,那些适合教师角色的做事方法在家里就要变一变了"。比如,在学校擅长给学生做思想工作,跟他们谈心、带着爱去批评教育他们。这是因为有教师的身份在,学生总是能够听进去一些。但是回到家里,总是讲道理可能就没那么适用了。家人需要的更多是爱、理解与包容。如果我们能够恰到好处地转换自己的身份和角色,那么工作和家庭之间的积极互动就比较容易实现了。

3. 利用友善的沟通方式

与家人生活在一个屋檐下,难免会因为各种琐事产生矛盾与冲突。有冲突并非一件坏事,重点是我们使用怎样的沟通方式去解决冲突。想象一个场景:晚上回到家,你为全家人准备了丰盛的晚餐,非常累;吃完饭后你告诉爱人刷碗,爱人很痛快地答应了。一小时后,你看到爱人还没有动,开始生气地质问爱人。爱人也开始生气了。

转换一下,如果我们在觉察到自己生气的时候换一种更加友善的方式去表达会不会效果更好呢?比如,我今天晚上从回到家就开始准备晚饭,吃完饭就很累了,想早点休息。你刚刚说要刷碗,但是已经过去一小时了。中间我提醒过你一次,你还是没有动,我很生气,也很委屈。如果你是听到这番话的人,会有什么反应?是不是会感受到对方的真诚?其实这是非暴力沟通的表达方式。在遇到一个需要沟通的场景时,我们应把重点放在表达自己的观察、感受、需求和具体希望上而不是放在指责对方上。这样就会让听的人不会因为感到受伤而关闭沟通渠道,家庭也会因此拥有更多的和谐与美好。

体验活动

活动名称：转动幸福之轮。

活动准备：A4纸一张、签字笔一支。

活动要求：

1. 在A4纸上画个圆，平均分成八份，左边代表工作，右边代表家庭。

2. 结合本讲所学，想一想在自己的工作与家庭中可以通过哪些具体行动创造出滋养型的工作家庭关系，并将其写在对应模块中。

3. 如果有一项行动的开启可以积极带动其他行动，那将是哪一项？请标注出来。

4. 填写完成以后从现在就开始行动吧！

活动示例：具体内容可参考图8-5。

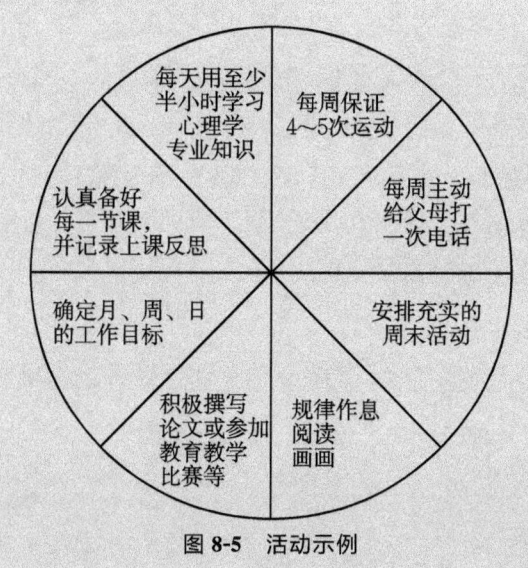

图8-5 活动示例

本讲小结

本讲重点讲解了工作和家庭的滋养关系、工作与家庭的滋养关系的发生以及获得滋养型的工作家庭关系。

本讲关键词

工作　家庭　工作家庭增益

进阶思考

你认为还有哪些方式可以帮助我们获得滋养型的工作家庭关系？

提升练习

1.【判断】工作和家庭之间很难形成积极的互动关系。（　　）

答案：错误

2.【判断】工作与家庭的滋养关系是指我们在工作（或家庭）中的角色体验可以在多大程度上提升在家庭（或工作）中的生活质量。（　　）

答案：正确

3.【单选】以下哪种方式并非工作家庭增益的发生方式？（　　）

A. 积极资源的转移

B. 消极情感的阻隔

C. 积极情感的流动

答案：B

4.【多选】以下几种资源中哪些是在工作与家庭领域中可以直接转移的积极资源？（　　）

A. 技能与视野

B. 心理和生理资源

C. 社会资源

D. 灵活性

E. 物质资源

F. 情感资源

答案：ABCDE

5.【多选】下列哪些方式有助于帮助实现滋养型的工作家庭关系？（   ）

A. 善于利用积极资源

B. 情绪觉察训练

C. 激发工作中的心流状态

答案：ABC

第九讲
教师身体健康的维护

本讲概述

本讲详细介绍了教师的工作特征与健康风险、运动促进教师健康的方法指导；专门介绍了教师常见嗓音疾病和嗓音保护的内容，在此基础上教授如何科学用嗓并进行了相关的示范。

知识结构图

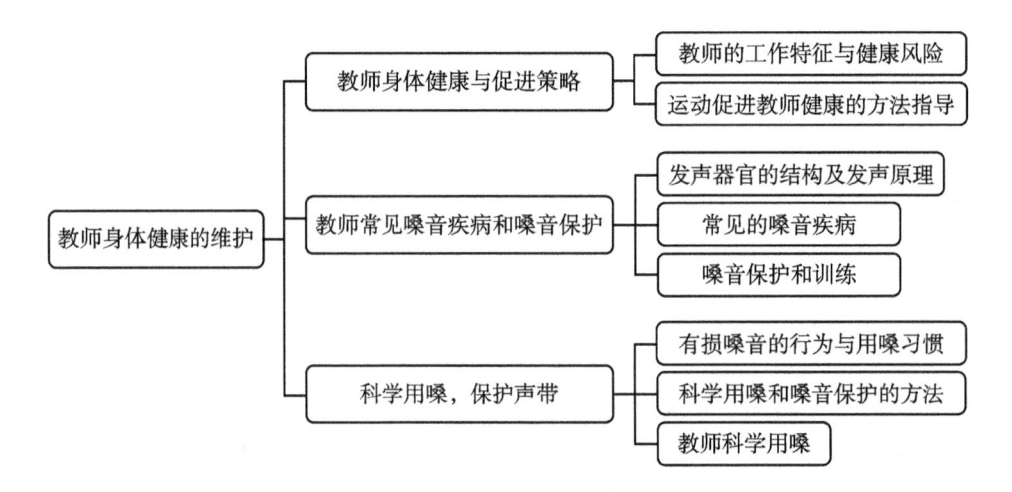

```
                                ┌─ 教师的工作特征与健康风险
              ┌─ 教师身体健康与促进策略 ─┤
              │                 └─ 运动促进教师健康的方法指导
              │
              │                         ┌─ 发声器官的结构及发声原理
教师身体健康的维护 ─┤─ 教师常见嗓音疾病和嗓音保护 ─┤─ 常见的嗓音疾病
              │                         └─ 嗓音保护和训练
              │
              │                ┌─ 有损嗓音的行为与用嗓习惯
              └─ 科学用嗓，保护声带 ─┤─ 科学用嗓和嗓音保护的方法
                               └─ 教师科学用嗓
```

学习目标

学完本讲，你应该能够做到：

1. 了解教师的工作特征及面临的健康风险。

2. 理解运动促进身体健康的理论基础及运动处方的构成要素。

3. 掌握运动处方的制定要求及应用方法，树立体育锻炼的意识。

4. 了解发声器官的构成和常见的嗓音疾病。

5. 了解有损嗓音的行为与用嗓习惯，规避生活中不良的发声习惯，掌握科学用嗓和嗓音保护的方法。

读前反思

1. 回想一下自己及周围的同事都有哪些健康问题？这些健康问题与教师职业有哪些关系？

2. 我们自己有哪些体育爱好？我们上一次进行体育锻炼是什么时间？进行了哪项运动？持续了多长时间？运动后有哪些感受？

3. 回想一下自己平时上课时是如何用嗓的？平时有何不良发声习惯？为何嗓子总是出现问题，讲话为何很费劲，声音为何不好听？

4. 在日常生活中是否注重对自己嗓音的保护？有无嗓音保健的措施和意识？

教师作为辛勤耕耘的教育工作者，每天都在为学生的成长付出心血。然而，长时间站立、走动和说话，会给教师的健康带来一些风险。为帮助教师降低这些风险，让教师更加健康地工作和生活，本讲将会介绍教师身体健康与促进策略。此外，我们还将专门探讨教师常见嗓音疾病与嗓音保护方法，并分享科学用嗓的相关技巧和进行示范。希望通过这些分享，教师能够更好地了解如何降低职业健康风险、保持身心健康。让我们一起去学习，为自己和学生的成长贡献更多的力量！

一、教师身体健康与促进策略

（一）教师的工作特征与健康风险

2021年，《中国青年报》社会调查中心进行了中国教师健康状况调查。调查结果显示，当前部分教师的健康状况不容乐观，处于重度亚健康状态；相比一般人群而言，教师群体的疾病风险发生率更高（孟祥杰，2021）。这样的数据是需要引起广大教师关注的。是什么原因造成了教师身体重度亚健康的状态呢？教师在日常生活中一般会以久坐、久站和久讲为主要活动方式。世界卫生组织提出，超过60%的癌症源于个人的生活方式。上述提到的久坐、久站、久讲等不健康生活方式已经对教师的身体健康产生负面影响。在教师常见的疾病中，诸如颈椎病、呼吸道疾病、关节炎以及腰椎病等，都与教师久坐、久站、缺乏运动锻炼有密切的关系。

如何对教师整个职业所存在的健康风险"对症下药"呢？下面将进行详细介绍。

（二）运动促进教师健康的方法指导

在介绍方法前先简单讲解一下运动促进身体健康的理论基础。通过运动促进身体健康是一种全身系统性效应。其主要机制包括改善代谢及胰岛素敏感性、减轻氧化应激反应及慢性炎症效应、重塑心血管结构和功能、促进骨骼肌和脂肪等分泌心血管保护性运动因子，从而降低心血管疾病的发生风险。国际上将上述的"效应理论"称为 EIM(Exercise is Medicine)理论。

EIM 理论可以归结为一句话：运动是促进身体健康、提高生活质量的良药。但运动不足或运动过量都会影响"良药"发挥作用，甚至会损害身体健康。因此，如何根据理论开好运动处方是一门学问。好的运动处方要求锻炼者或患者根据医学检查、生活环境条件和运动爱好适配运动方案。运动方案不仅需要规定适当的运动类别、运动强度、运动时间、运动频率，还需要指出运动中的注意事项。只有上述条件都满足才是一份完整的运动方案。运动处方也有不同分类，按照锻炼对象可分为治疗性和预防性运动处方；按照锻炼器官可分为心脏康复运动处方、运动器官体疗处方等；按照锻炼的作用可分为心肺耐力运动处方、肌肉力量运动处方、柔韧平衡运动处方等。普通人群的运动处方多以提高心肺功能为目的。

运动处方本身包含六大因素，即运动强度、运动频率、运动时间、运动方式、运动量和运动进阶，简称运动处方的 FITT-VP 原则（王正珍，徐峻华，2021）。其中运动进阶需要在专业人士的指导下进行。下面详细介绍运动促进教师健康的方法指导。

1. 如何控制运动强度

科学锻炼的第一步是选择适宜的运动项目。普通人群选择运动项目时建议优先选择含抗阻、有氧、柔韧、平衡练习的组合运动。这些运动不仅可以达到走、跑等规律运动的强度和密度，而且对提高身体素质具有重要的健康价值。个体可以在其中收获运动的乐趣，从而更积极地投入进一步的练习。组合运动在运动量效关系上表现出实践操作价值和健康促进价值。因此可以说，那些调动全身肌肉去参与的，具有有氧特征的，涵盖耐力、力量、柔韧、平衡且需要通过一定时间的练习才能习得掌握的运动是要优先考虑的。这样的运动建议每周至少参加三次。我们可以选择从轻度的运动开始，慢慢增加运动的累积效应，最后找到适合自己体力活动水平的运动方式。那么这里产生了一些问题，即低、中、高强度是怎么划分的？如何把控自己运动的强度呢？下面就进行详细阐述。

世界卫生组织给大多数成年人推荐的有氧运动是中等到较大的运动强度，只有达到这一运动强度的运动才能够有效刺激心肺耐力的提高。目前比较流行的运动方式是高强度间歇运动。对于普通人来说，一般采用（220－年龄）推算 45 岁以下人群的最高心率；用（180－年龄）推算 45 岁以上人群的最高心率。锻炼的有效心率值介于每分钟 110~150 次。对于绝大多数人来说，选择这样中等强度的运动才不会像高强度那样容易受伤。那么怎样知道自己锻炼是否达到有效心率值呢？这里有三个重要指标可以供大家参考。一是运动时心跳和呼吸加快，但呼吸不急促，心率达到最大心率的 50%~70%。二是能够持续运动 10~30 分钟，微微出汗、劳累，但仍然能够坚持运动。三是第二天起床后无疲劳感。

2. 如何控制运动量

根据 2020 年世界卫生组织发布的身体活动和久坐行为指南中推荐的维持健康的体力活动量，以及 2018 年美国身体活动指南和 2022 年美国心脏协会运动指南中推荐的最低运动量的标准，研究者认为每周至少 150 分钟中等强度运动或 150 分钟高强度运动为有益健康的最低运动量。换算下来，相当于每周步行 5 次，每次 60 分钟；或者每周跑步 3 次，每次 50 分钟。也就是说，每周 300 分钟步行或每周 150 分钟跑步就可以帮助人们获得最佳的健康水平。由此可见，以合适的运动量进行锻炼其实并不难，并且这个标准多年以来没有太大变化。

3. 如何选择运动时间

每个人的体力最高点和最低点是受到有机体生物钟控制的，一般在傍晚达到高峰。最佳运动时间一般在下午 3 点到 5 点或晚上 7 点到 9 点。如果选择高强度运动，应该在饭后 2 小时进行；选择中等强度运动，应该在饭后 1 小时进行；选择轻度运动，应该在饭后半小时进行。

4. 如何选择运动频率

根据《中国居民膳食指南（2022）》提炼出的吃动平衡原则，每周至少进行 5 天中等强度运动，累计 150 分钟以上；鼓励进行适量中高强度的有氧运动，加强抗阻运动，每周 2~3 次。减少久坐时间，每小时起来活动一下。美国运动医学会提倡将力量、耐力、柔韧、平衡等重要的运动项目融入每日的健身活动。表9-1为不同运动方案的FITT-VP原则。

表9-1 不同运动方案的FITT-VP原则

运动方案	有氧运动	抗阻运动	柔韧运动	神经动作练习
运动强度	中等或中等至最大强度	肌肉力量练习强度：8～12（新手练习强度：10～15）肌肉耐力练习强度：15～20	微痛或不适	
运动频率	每天	2～3次/周	2～3次/周	2～3次/周
运动时间	一次至少10分钟，每天累积30～60分钟	力量：耐力＝1:1 持续1～3秒	10～30秒，累积60秒	20～30分钟
运动方式	跑步、快走、骑车、游泳、爬山等	自重练习、器械练习、自由练习	动态练习、促通疗法	多任务、本体感受性练习
运动量	150分钟或75分钟	2～4组/次	60秒/次	
运动进阶	循序渐进	增加次数、组数、负荷		

5. 运动中的注意事项

首先，应当充分了解自身的健康状况，如有无运动禁忌证、是否处于不同类型疾病的急性期、是否有心源性疾病等。如果有上述情况都应减少运动量或停止运动。患病人群应等到病情稳定后，经心肺运动功能评估后遵医嘱参加运动。运动禁忌证分为运动绝对禁忌证和运动相对禁忌证。有运动禁忌证的疾病患者需要在医生的处方和监控之下参加运动。

其次，合理的运动顺序是提高运动健身效应的关键。一般来说，以健身为目的的运动的基本顺序为热身、动态拉伸、无氧能力练习、有氧能力练习、核心力量锻炼以及静态拉伸。其中，热身和动态拉伸可有效激活脊椎骨骼系统的活力，预防运动损伤；无氧能力练习、有氧能力练习和核心力量锻炼的紧密结合，可全面地锻炼身体、提高运动效果；静态拉伸可以缓解运动疲劳、改善体姿体态。

二、教师常见嗓音疾病和嗓音保护

教师是嗓音工作者的主要群体，与歌唱者、播音员等一样。但是目前部分教师不了解发声器官的构造，又缺乏嗓音保护的意识，这就导致他们滥用嗓音，并由此引发了各种各样的嗓音疾病，影响了他们的工作及生活。

在讲解科学用嗓之前，我们先介绍发声器官的结构及发声原理。

（一）发声器官的结构及发声原理

发音器官是指人体中所有与语音产生相关的部分。它包括气管、支气管、肺、胸廓、呼气肌群和吸气肌群及膈肌，喉、咽、口腔、鼻、舌、齿和唇等，但通常不包括大脑和神经系统。

声道是指语音产生的过程中空气流动或能够流动的整个通路，从肺经过气管、喉、咽，由口腔和鼻腔流出。

发声是指在由肺呼出的气流驱动下，喉产生可听的声音，这个声音能受声道其他部分的调制。

1. 喉

喉是呼吸通道和发声的主要器官。它是以软骨为支架，由软骨间的肌肉、韧带和纤维组织膜相连接所组成的管腔。它上通喉咽，下接气管，其内面被覆黏膜，与咽部及气管黏膜相连接。

喉位于颈前正中、舌骨之下；喉的上端为会厌上缘，下端为环状软骨下缘；前部突出于两侧胸锁乳突肌之间，形成颈前中央的突起，与皮肤间仅有筋膜和颈前带状肌相隔；后有喉咽与颈椎相隔，两侧有颈深部大血管和神经束及甲状腺侧叶。

2. 声带

声带是由黏膜、韧带和肌肉组成的，横断面呈三角形，两侧声带的前端相互融合成声带腱，附着于甲状软骨切迹的内下方。后端附着于杓状软骨声突。两侧声带之间的空隙称为声门裂，简称声门。它是喉部，也是呼吸道的狭窄之处。声门裂呈等腰三角形，其顶在前、底在后，两侧声带的游离缘是三角形的两腰。

声带的长度因性别及年龄不同而有较大的差异，颜色呈珠白色，作用是保护气管和发声。呼吸时，两侧声带外展，声门裂开大；发声时，两侧声带合拢，声门裂关闭；声带被由肺呼出的气流驱动，产生振动而发出各种类型的声音。

喉的生理功能之一就是发声功能，其他的功能有呼吸功能、吞咽功能和喉括约肌功能等。有兴趣了解者可阅览相关的书籍。

（二）常见的嗓音疾病

1. 声带结节

声带结节多是由发声行为不当或嗓音滥用所致的局部炎性反应，如长期用声过度、尖叫、大喊或使用非自然的低基音频率发音等。其临床表现有声音嘶哑或有气息声，其程度与结节的大小和硬度有关；常伴有颈部不适或疼痛，喉咙有异物感。早期或急性期的结节是柔软的，慢性结节通常是硬的。早期或急性期的声带结节通过绝对的禁声休息是有可能自愈的。利用发声训练矫正不良的用声习惯也是常用的治疗方法。对于不能利用发声训练治疗使结节消除者，可以通过手术摘除结节并在术后进行发声训练，矫正不良的用声习惯。

2. 声带息肉

声带息肉多因发声行为不当、用声过度或嗓音滥用所致，常始于一次强力发声之后。其临床表现为声音嘶哑、粗糙，有气息声。声音障碍的程度与息肉的大小和位置有关，并伴有喉咙异物感。声带息肉一旦形成很难自行消退，需要手术进行摘除，同时需要矫正不良的发声行为。

3. 急性喉炎

急性喉炎常为上呼吸道感染或流感的一部分，也可仅限于声带的局部病毒感染。其临床表现为声音嘶哑，甚至失声。急性喉炎的发病会比较突然。禁声休息是治疗急性喉炎的重要措施，以防进一步刺激喉黏膜。

4. 声带血管疾患

声带黏膜下出血多是由发声行为不当、咳嗽或喷嚏造成声带微细血管破裂，血液在声带黏膜下浸润和扩散。轻者呈散在片状局限性出血，色鲜红与正常黏膜界限分明。若出血较多或较大血管破裂则形成弥散性出血，声带全部呈鲜红色，严重出血可形成血肿，如血肿发生在声带边缘，妨碍声门闭合。嗓音障碍的表现因出血程度的不同而各异。轻者可以无症状，仅在检查时被发现；重者可突然嘶哑甚至完全失声，通常情况下出血可以在1~2周内自行吸收。声带黏膜下出血后应立即禁声休息，要完全沉默，避免声带运动造成持续出血。

声带充血和血管扩张与发声行为不当、用声过度有关，长期、反复的声带损伤可导致声带黏膜充血、新血管形成。该疾患在临床上可无任何症状，也可表现为嘶哑。无症状者可密切观察，不需给予特殊处理。

声带血管瘤是由发声行为不当、用声过度致声带血管扩张呈血管瘤改变。声音障碍的程度与血管瘤的大小和位置有关，血管瘤常是引起声带黏膜下出血的病源。小的血管瘤或部位远离声带边缘而无明显症状者无须治疗；大的血管瘤或导致发声障碍的血管瘤则需要手术摘除。

综合以上常见嗓音疾病，我们可以发现大多数嗓音疾病是由发声行为不当引起的。这就需要教师平时经常觉察自己有哪些有损嗓音的行为。接下来着重介绍教师如何在日常生活中保护自己的嗓音。

（三）嗓音保护和训练

我们如何在日常生活工作中保护自己的嗓音，避免嗓音疾病的发生？

1. 及时觉察

首先是要对自己的声音变化异常敏感。教师在日常授课讲话时应当注意聆听自己声音的变化，特别是在感觉自己疲惫时更要注意自己声音有什么异样。这样做的目的是及早发现和捕捉到自己声音的细小变化，查找问题的所在，以便及时做出干预。

2. 规范诊断和治疗

察觉到自己声音有问题就要及早就医，找专业医生做检查，查看声带的状况；因只有查看到声带才能对嗓音问题做出正确的诊断，同时为下一步的治疗指明方向。教师常见嗓音疾病多半是由发声行为不当造成的声带损伤所致的，有时也会是病毒感染引起的。最好的治疗就是禁声休息，避免声带运动造成进一步的损伤。这种禁声是尽可能做到绝对禁声，一句话都不讲，而不是用耳语声讲话的"假禁声"。用耳语声讲话并不能保护嗓子，反而会导致新的嗓音问题的出现。如伴有明显的咽喉疼痛可按医嘱服用药等。以上这些措施仅是针对发声行为不当所致的嗓音问题或者急性喉炎等症状者以及声带结节早期的患者；如声带结节长期不愈或者有声带息肉应及早考虑手术治疗。

3. 日常规范

除了以上的做法，在饮食方面，教师在日常生活中要远离烟酒、合理膳食、少食辛辣。发声器官既是声道，又是呼吸道；同时口腔和咽腔还是消化道的一部分。所以吸烟、饮酒、过食辛辣对声带黏膜的刺激和危害是显而易见的。同时酒精作为兴奋剂，过量饮用常会导致精神亢奋，易发生嗓音滥用等过激行为。另外，教师在平日还要多饮水，保持呼吸道湿润。因发声时需要肺呼出的气流驱动声带振动产生声音，此时呼吸交替的频率就会较平静呼吸更高，呼吸的流量也会加大。因为频繁的呼吸会把呼吸道中的水分带出，所以讲话时间过长，我们会感到口干舌燥，甚至干痛。这时我们就需要及时补充水分。

在生活作息方面，教师在平日要保持充分休息，勿过度劳累。因疲惫时发声常会感到力不从心，这时就会不由自主地用力讲话，而这种外力会破坏发声时喉部肌肉本有的平衡关系，易导致声带损伤。同时要注意的是，心情不快、情绪激动也会导致过激行为，造成嗓音滥用。所以保持身心愉快也很重要。

教师应避免习惯性地清喉咙（或清嗓子）。正常发声时声带是有规则的振动，清喉咙（或清嗓子）时声门要先紧紧关闭阻止空气由肺内流出。当压力达到足够大时，声门被猛地吹开，声带在气流猛烈的吹动下胡乱振动，并极易发生碰撞。频繁习惯性清喉咙（或清嗓子）会导致声带受损，甚至咳出声带结节。

用耳语声讲话常被认为是一种保护嗓子的讲话方式，其实不然。用耳语声讲话时声带振动，但不完全闭合，是有缝隙的，否则就发不出那种嘘声嘘气的声音。耳语声这种发声类型比发正常嗓音时气流量更大、更耗气，讲完话后会更易感觉到口干舌燥。长时间使用这种方式讲话其实起不到保护嗓子的目的，反而会形成一种不良的发声习惯。所以除非在特定的环境中需要，否则尽量避免长时间用耳语声讲话。

4. 训练方法

在本讲中我们只讲了喉和声带，但发声是一个多器官参与的活动。喉在其中只是一个声源，它仅能提供一个有高低变化的声音。我们在讲话时之所以能发出不同的元音、辅音，那是口腔、咽腔和鼻腔及唇、齿、舌、牙等器官与喉的共同参与才得以实现的。常见嗓音疾病虽多发于声带，但它们多是由发声讲话时的不当行为所致的。所以单独强调如何保护声带是无济于事的。讲话时不当的行为不予以纠正，声带上的问题还是会复发。我们在平日可以通过朗读训练来规范自己的声音，纠正讲话发声不良的习惯。

在此介绍的是一种简单而行之有效的、可能被大家忽略的训练方法——绕口令。绕口令是我国汉语言文化中特有的一种形式，常见于我国传统戏曲、曲艺说唱的基本功训练。它是将声母、韵母或声调极易混同的字，组成反复、重叠、绕口、拗口的句子做朗读训练，要求一气念出。训练后可令吐字清晰、口齿伶俐、气息流畅、反应灵活。

如何检查自己发音是否到位呢？以下用一条简单好念的绕口令为示范。

> 八百标兵奔北坡，
>
> 炮兵并排北边跑；
>
> 炮兵怕把标兵碰，
>
> 标兵怕碰炮兵炮。

以该绕口令为例，在朗读时面前 30 厘米处可悬一张纸，要求发音时能将纸喷动，但不能有口水喷到纸上。

此外，教师在将绕口令用于嗓音训练时，不要求念得快。但要把元音、辅音的动作按要求做到位，声音要发饱满。元音可以适当延长些，因发元音时声带才会振动；而大多数辅音声带是不参与发声、不引起振动的。教师在练习绕口令时如语速过快，就有可能发生元音被吞噬的现象。我们在用日常口语交流说话时也常会把元音发得很短，甚至用极短的噪声代替。若在练习绕口令时发生类似这种情况，就达不到训练的目的。练习绕口令，需要将声音往前、往外送，不要将声音含在嘴里；辅音的喷口、送气、爆破动作要做到位。同时特别重要的是，训练时要用自己的耳朵仔细聆听自己所发出的每一个声音，听声音是否清晰、饱满、明亮，不符合要求的要及时修正。

绕口令训练还有一个特别重要的功用，就是练习时可获得一个自然的发声状态。讲话时声音急、卡，特别是情绪激动时喊叫和狂吼等，都是造成声带损伤的原因。当我们在练习绕口令时，我们会将注意力全部集中在嘴上以及元音、辅音的发音动作上，便会发现这时的声音是自然的气息。

绕口令训练只是手段，关键是教师将训练所获得的发声状态应用于日常交流和工作中。最后我们借梅兰芳先生的护嗓心得结束本部分内容。

精神畅快，心气平和。
饮食有节，寒暖当心。
起居以时，劳逸均匀。
练嗓保嗓，都贵有恒。
由低升高，量力而行。
五音饱满，唱出剧情。

三、科学用嗓，保护声带

（一）有损嗓音的行为与用嗓习惯

1. 呼吸和发声方法不正确

呼吸和发声方法不正确会对声带造成无法避免的损害，长时间就会导致诸多的嗓音疾病，如咽喉炎、声带充血等，甚至可能引起嗓音病变，如结节、息肉等。部分教师未接受过专业的嗓音训练与科学用嗓的知识，对嗓音保护的知识了解也不多，课堂上容易出现诸多不良的用声习惯，如扯嗓子喊叫等。过度用声造成声带疲劳，长此以往必然会对嗓音造成损害，使声带发生病变。呼吸是我们用声发声的动力源泉，呼吸也是发声的基础。正是由于气息与声带相作用，气流经过声门，声门关闭，声带闭合振动而发出声音，因此要合理运用气息与掌握正确的发声方法，才能做到科学用嗓。

2. 不了解自身的发声器官与嗓音条件

一些教师对自身的嗓音条件与发声器官结构不够了解，盲目地滥用不符合自身嗓音条件的声音，由此形成了错误的发声意识，形成了不好的发声习惯。一些教师嗓音型号偏小却追求厚重、大气的声音。或者一些教师在课堂上为了追求洪亮的声音，刻意放大自身的讲话音量，导致声带长时间疲劳难以得到休息。这些都是不了解自身发声器官与嗓音条件而做出的错误行为。每个人的嗓音条件不同，发声器官各异。因此教师在课堂上要追求符合自身嗓音条件的声音，切勿滥用嗓音，否则就会损害发声器官的健康。

3. 不重视日常嗓音保护

教师需要加强对嗓音的重视，学会科学用嗓。生活习惯对于嗓音的影响也很大。

平时睡眠时间不充足或者睡眠情况不佳等都会使声带无法得到充分的休息，导致嗓音不够"新鲜"。同时日常饮食不规律等也会对声带造成不良的影响。若想要保证嗓音状况良好，必须形成良好的生活习惯。

（二）科学用嗓和嗓音保护的方法

在了解完有损嗓音的行为与用嗓习惯后，我们就要探讨如何预防嗓音问题，防患于未然。首先，掌握科学的呼吸与发声方法是关键。同时教师要注重日常生活中的嗓音保健，定期对嗓音进行检查。

1. 掌握科学的呼吸与发声方法

有气才有声，气息冲击声带，声带振动而发出声音。因此气息是动听声音产生的原动力，没有气息何谈声音。同时，气息相当于一座建筑的地基，有了良好的地基才能有雄伟、漂亮的建筑。有了良好的气息，才能发出优美而省力的声音。因此，呼吸在发声中十分重要。只有掌握了正确的呼吸方法，拥有良好的运用气息的能力，才能发出优美悦耳的声音。教师可以借鉴歌唱或播音的发声方法，除了学习气息发声外，也可以了解如何共鸣发声，通过鼻腔、咽腔、口腔、喉腔、胸腔的协调与配合，产生共鸣，优化声音。同时，教师在课堂上要注意音量，不要发出使声带超负荷的声音，切勿过急过快讲话，以免造成声带疲劳。

2. 注重日常生活中的嗓音保健

嗓音保健要从多方面做起。首先，要注意合理安排休息，在体力充沛、精神饱满的状态下合理运用嗓音。疲劳时休音，在嗓音很舒服的情况下不去过度使用嗓音。这样才能避免发声器官疲劳，致使声音沙哑、声门不闭合。人本身通过睡眠使身体得到休息，声带一样在人休息的过程中得到恢复。

其次，发声器官是身体的一部分，因此身体的健康程度同样关系着嗓音的健康。教师除了要保证充足的休息外，还要通过体育锻炼促进健康，进而利于嗓音的保健，但是要避免剧烈运动。

再次，要注意预防感冒。在冬天或者春秋温差较大的季节，要注意防护，避免受凉导致感冒，使发声器官发炎，造成声带充血。如遇到嗓子不适的情况，一定要积极休息、及时治疗，避免发展成声带肥厚或息肉。

最后，饮食必须有规律。生活中要禁止暴饮暴食，不食用过于辛辣的食物等。

3. 定期对嗓音进行检查

教师要善于发现自身嗓音的异常。若出现音调、音色、音量异常，音色粗糙且不受自身控制，甚至可能出现声音嘶哑的表现；或者出现其他症状，如口干舌燥、咳痰、咽喉异物感等，都需要教师及时对嗓音进行检查。嗓音疾病如果发病时间过长，发现得较晚，治愈则会很慢。因此教师要做到早发现、早治疗，减少嗓音不适带给声带的损害。一般来说，教师应每三个月进行发声器官，如咽喉、声带等部位的检查。定期对嗓子进行检查和治疗，能够将嗓音问题及早遏制，防止嗓音问题发展成不可逆转的伤害。

（三）教师科学用嗓

在探讨完有损嗓音的行为与用嗓习惯、掌握科学用嗓和嗓音保护的方法后，针对教师的科学用嗓与嗓音保护，我们可以从以下几个方面入手。首先，教师要掌握科学正确的发声方法，降低用嗓频率。教师可以借鉴歌唱或播音艺术的气息与共鸣训练方法来帮助自己掌握科学正确的发声方法。其次，教师要强化嗓音保健措施，加强健康意识。教师可以利用课余时间多学习嗓音保护知识。同时校方也要提高对教师嗓音保护的重视，提升教师嗓音保护的意识，促进教师职业长久发展。

1. 掌握科学正确的发声方法，降低用嗓频率

教师要树立正确的发声观念，改正自己以往错误的发声方式，学会运用良好的呼吸和气息，掌握胸腹式联合呼吸法，增加气息的深度。同时，教师要避免出现易怒等不稳定情绪，尽量使声带保持稳定、平静，避免情绪激动、大声喊叫。尤其是在感冒的情况下教师更不要大喊大叫，否则会使声带造成不可避免的损伤。

教师常见的发声习惯有三种。第一种是在课堂上教师为了节约用嗓，误认为小声说话可以减少声带的损耗。比如说虚声说话。实际上，虚声说话并不会减轻声带的负担。虚声说话时声带的振动频率比正常发声时更高。声带间的缝隙大，不停地运动、碰撞发出声音，喉咙的肌肉负担过重，声带就会充血、水肿。因此并不建议小声说话。第二种是教师害怕学生听不清楚，便将声调放大说话。这种说话方式也是不合理的。长期用大声的、过重的方式说话，会损伤我们的声带。第三种是教师用合理且适当的讲话音量讲话。这种发声方法是恰当的。

以下将示范气息训练方法和共鸣训练方法，帮助教师找到科学利用声音的方法，减少声带疲劳。

(1)气息训练方法

发长音"si"有助于气息训练。深吸一口气后，发出"si"音，使吐出的气像细水般一点一点不间断，尽量拖长，并保持平稳。这样可以锻炼呼吸的持久力与腰腹的支撑力。

发"嘟"也可以训练呼吸。深吸气到腰腹，气息振动，双唇持续发出"嘟"的声音，可以很好地体会到气息作用在声带上的感觉。

"狗喘气"练习也有助于气息训练。狗喘气是快吸快呼的训练，腰腹不断收缩扩张，有利于腰腹的力量训练。狗喘气的练习方式包括张口练习和闭口练习两种。张口狗喘气是张开嘴巴，用口呼吸，气流快速通过喉部。不过，因为气息大量通过喉咙，可能会对喉部的健康卫生带来一定的影响，所以推荐教师练习闭口狗喘气，闭上嘴巴，用鼻腔来进行快速呼吸。这个练习是对膈肌的有效锻炼。

腰腹弹跳发"嘿哈"有利于找到膈肌的爆发力，帮助声音能够搭上气息。为了更加灵活地控制呼吸肌，我们可以进行腰腹弹跳训练。做这项练习的时候，通过发"嘿哈"，感受腰腹的扩张与收缩，体会气息的爆发力，感受到声音是圆润而富有穿透力的。

科学的发声主要就是加强气息训练，体会横膈膜的运动，培养正确的呼吸习惯，减少声带的过度使用，学会用气说话。

(2)共鸣训练方法

我们在平时说话时虽然有共鸣，但多数是无意识共鸣。运用有意识共鸣，声音才会有适宜的响度和亮度，而且发声时不觉得吃力。说话时共鸣训练的要领如下。

口适度张开，口的开合程度直接关系到声音的质量。要学会打开牙关，提颧骨。可以将手放在牙关后面，找到打哈欠的感觉；张大嘴巴发"a"的音，气息支撑声音，感受声音在口腔后半部分的共鸣。

喉咙适度放松，保持头部水平放松，保证气息流动顺畅，确保咽腔发声的共鸣。

切勿仰头或低头，导致腔体不能很好地垂直串联起来。因此以放松的姿态进行讲话，共鸣效果会更好。

鼻腔要通，说话时要将口张开一些，并找到闻花的感觉，微笑、兴奋地吸气，吸开鼻腔、咽腔。教师以练习贴着鼻腔、咽腔的感觉去说，声音会更加具有穿透力，声带的负担也会减轻，声音的音量也能得到保证。

2. 强化嗓音保健措施，加强健康意识

首先，教师要加强健康意识，进行适当运动，保证充足的睡眠时间；要注意防护，避免遭受风寒造成感冒，致使嗓子不适；应积极预防感冒、喉咙发炎、咳嗽等不利于嗓音的问题等。同时，女教师还需要注意生理期用嗓。在此期间声带处于充血状态，因此要节制用嗓，不能过度用嗓。

其次，教师要注重饮食均衡搭配。不吃辛辣油炸类等不利于咽喉的食物，也不要在用嗓之后立马大口喝冷饮。避免喝刺激性的饮料如咖啡、浓茶等，可以多喝温水，泡一些利于咽喉的饮品，一定程度上缓解咽喉的不适。

最后，教师要加强体育锻炼，强身健体。运动会提高自身的免疫力，减少感冒对声带造成的损伤，同样会增加自身的肺活量，对气息具有一定的辅助作用。

3. 加强对嗓音保护的重视

教师在日常工作中应多学习用嗓知识，加强对嗓音保护的重视。通过学习和练习嗓音保护方法，教师可以改善自己的说话习惯，减轻声带负担。校方应该加强对教师嗓音保护的重视，可以在课余时间给教师开展一些嗓音保护或科学发声训练的讲座与培训，组织教师一起学习，使教师充分掌握科学的发声方法，加强对嗓音保护知识的了解。同时，校方可以积极改善教学环境与条件，给教师配备上"小蜜蜂"进行教学，避免教师用嗓过度给自身嗓音带来的损害，最大限度地减少教师的用嗓频率与强度。

教师在工作中不免会出现久坐、久站、长期用嗓等行为，长期会损害教师的身体健康。教师作为自身健康的第一责任人，要肯在维护自身健康上花时间，主动掌握科学方法。教师的健康素养也关系着学生的教育质量。让我们一起科学锻炼，为学生健康成长工作！

本讲小结

　　本讲先介绍了教师的工作特征与健康风险,并基于运动处方的 FITT-VP 原则详细说明了适合不同情况的运动方案;基于教师长期用嗓的工作性质介绍了长期用嗓不当导致的嗓音疾病以及有损嗓音的习惯,并针对教师长期用嗓的工作环境提出科学用嗓建议。

本讲关键词

　　教师身体健康　　健康风险　　运动促进身体健康　　运动处方　　科学用嗓　　嗓音保护

进阶思考

　　1. 请根据你自己的健康状况、兴趣爱好、环境条件等因素为自己制定一个运动处方。

　　2. 通过绕口令的训练是否觉得吐字发音变得清晰、饱满、明亮,口齿伶俐,气息流畅,反应灵活呢?接下来你是否会尝试与学生一起练习、共同提高来形成良好的用声习惯呢?

　　3. 在学习科学的发声方法后,在今后的日常生活和工作中,你是否会关注自己的嗓音健康,愿意运用科学的气息训练方法和共鸣训练方法来保护自己的嗓音健康呢?

提升练习

　　1.【判断】中高强度的有氧运动较无氧运动更有利于身体健康。(　　)

　　答案:正确

2.【判断】最大心率的计算方法是220-年龄。（　　）

答案：错误

3.【判断】在运动前应充分了解自身的健康状况，选择适合自己的运动方案，使运动量既不过大也不过小。（　　）

答案：正确

4.【判断】发声是指产生言语声的行为活动。（　　）

答案：正确

5.【判断】没有肺的呼吸作用就不可能有语音。（　　）

答案：正确

6.【判断】声道是指言语产生的过程中空气流动或能够流动的整个通路，从肺经过气管、喉、咽，由口腔和鼻腔流出。（　　）

答案：正确

7.【判断】共鸣训练主要涉及口腔、喉咙、鼻腔、胸腔。（　　）

答案：正确

8.【多选】以下哪一项属于有损嗓音的行为与用嗓习惯？（　　）

A. 呼吸和发声方法不正确

B. 不了解自身的发声器官与嗓音条件

C. 不重视日常嗓音保护

D. 不注重饮食健康

答案：ABC

9.【单选】下列选项中哪一项不属于科学的发声方法？（　　）

A. 用气息讲话

B. 合理运用声音共鸣

C. 压着喉咙以找到浑厚大声的感觉

答案：C

第十讲
教师职业幸福感

本讲概述

追求并享受教师职业幸福感，不仅是教师专业发展的重要方面，也是教师应该享有的基本权利。关注并促进教师职业幸福感的提升，既是党和政府教师教育政策的关注重点，也是国家、社会和家庭在尊师重教传统文化规约下的殷切期望。本讲重点讲述了教师职业幸福感的现状、定义、影响因素以及提升教师职业幸福感的方法。

知识结构图

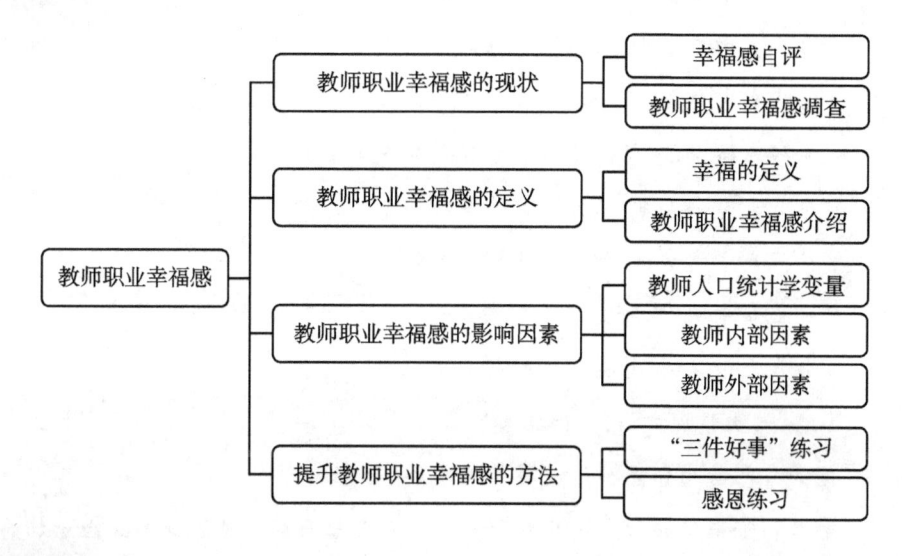

```
                         ┌─ 教师职业幸福感的现状 ──┬─ 幸福感自评
                         │                         └─ 教师职业幸福感调查
                         │
                         ├─ 教师职业幸福感的定义 ──┬─ 幸福的定义
                         │                         └─ 教师职业幸福感介绍
  教师职业幸福感 ────────┤
                         │                         ┌─ 教师人口统计学变量
                         ├─ 教师职业幸福感的影响因素┼─ 教师内部因素
                         │                         └─ 教师外部因素
                         │
                         └─ 提升教师职业幸福感的方法┬─ "三件好事"练习
                                                    └─ 感恩练习
```

学习目标

学完本讲，你应该能够做到：

1. 了解教师职业幸福感的现状与含义。
2. 认识到教师职业幸福感的影响因素。
3. 学会使用提升教师职业幸福感的方法。

> **读前反思**

1. 教师职业幸福感的现状到底如何呢?
2. 教师职业幸福感包含哪些内容呢?
3. 如何才能提升教师职业幸福感?

一、教师职业幸福感的现状

(一)幸福感自评

在介绍教师职业幸福感之前,请大家先为自己的幸福感打分。

> 请您根据您最近一个月的状态进行打分。
>
> 0 分代表非常不幸福(非常抑郁、心情跌入谷底)
>
> 1 分代表很不幸福(抑郁、沉闷)
>
> 2 分代表不幸福(心情不好、提不起劲)
>
> 3 分代表中度不幸福(心情低落)
>
> 4 分代表有一点不幸福(比持平低一点)
>
> 5 分代表持平(不特别幸福,也不特别不幸福)
>
> 6 分代表有一点幸福(比一般人幸福一点)
>
> 7 分代表中度幸福(觉得还不错、愉悦)
>
> 8 分代表幸福(情绪高昂、感觉良好)
>
> 9 分代表很幸福(觉得心旷神怡)
>
> 10 分代表非常幸福(觉得狂喜)
>
> 您为自己打几分呢?请填写您的分数(　　)

解读:如果您的打分在 6 分及以上,那么恭喜您,您目前的状态一切都好。如果您的打分在 3 分及以下,那就请您关注自己的状态,尝试着用一些方法提升自己的幸福感。

在工作中我们有时会听到这样的声音。比如,张老师说:"新学期开始了。我的孩子才一岁多,我上班时孩子还没醒,下班到家孩子已经睡了。作为新手妈妈,我觉得好愧疚,自己没有什么幸福感可言。"刚刚入职且从事班主任工作的高老师说:"我害怕和家长沟通。对于学生的学习问题,我比家长还着急,感觉自己对每个学生都是全心全意付出。但是家长和学生似乎也不太理解。我感觉很委屈。"

外界看来多少会觉得有些不可思议,教师工作稳定,人际关系简单,还有寒暑假,怎么可能会觉得不幸福呢?

(二)教师职业幸福感调查

有学者深入调研了来自全国31个省(自治区、直辖市)不同背景的教师,获得了中小学教师职业幸福感的相关研究资料。分析显示,我国中小学教师职业幸福感的总体水平较高;教师职业是教师认为幸福感水平较高的三种职业之一,仅次于公务员和自由职业者。虽然教师职业幸福感的总体水平比较理想,但是该研究也揭示了一些隐患(李广,盖阔,2022)。

第一个隐患是乐观中存在美好的"隐忧"。教师职业幸福感水平上存在"点阵塌陷"现象,具体表现在年龄为36~40岁、教龄为11~15年、职称为二级的教师职业幸福感水平最低。这三个群体可谓是学校的中坚力量,这部分教师的职业幸福感尤其值得关注。

第二个隐患是高尚中包含"想说爱你不容易"。教师从事教育事业是源于热爱,从事热爱的职业会让他们感到幸福。但教师职业本身对专业素养有着高标准和严要求,同时教师职业承载着较高的社会期望。精神上和身体上的压力往往会在日复一日的工作中消耗教师的职业幸福感。

第三个隐患是教师健康幸福感维度值得关注。教师职业幸福感存在健康缺失现象。一线教师应该深有体会,教学工作强度高且压力大。教师除了教课,还要管理学生,时有情绪不稳定的情况发生。这些都是教师身体健康的挑战。

教师职业幸福感是衡量教师的教育生活质量和心理状态的重要指标(柳海民,郑星媛,2021)。享有职业幸福是教师的基本权利。只有真正幸福的教师,才可能教出内心充盈的学生。因此,教师的职业幸福感是一个全社会需要关注的问题。

二、教师职业幸福感的定义

(一)幸福的定义

在理解教师职业幸福感之前,我们可以先理解幸福的定义。《现代汉语词典》第

7版将幸福解释为"使人心情舒畅的境遇和生活"。《说文解字》解"幸"为"吉而免凶也"(王平，李建廷，2016)，解"福"为"佑也"(李江，2019)，将二字连用意为祈求神灵保佑，避免祸害之意。英文有 happiness, blessedness, well-being 等表达，有快乐、高兴、幸运之意。国内有学者认为幸福是人的目的性自由实现时的一种主体生存状态(檀传宝，2010)。当个体需要得到满足、潜能得以发挥并获得积极心理体验时，便会持久产生满足和愉悦的感觉。所以，幸福的本质是个体目的性和价值性的实现，即自我认同和个体意义的获得。它们与个体生存和发展的条件相关，同时受幸福观影响(柳海民，郑星媛，2021)。

(二)教师职业幸福感介绍

经济合作与发展组织从个人幸福感、职业幸福感以及学生幸福感的相关研究出发，指出教师职业幸福感是一个复杂的、多维的概念，并将其定义为教师对与其工作和职业相关的认知、主观、健康、社会等方面的反应(OECD，2020)。教师职业幸福感包括认知幸福感、主观幸福感、健康幸福感以及社会幸福感四个维度(李刚，吕立杰，2020)。

认知幸福感指教师在有效工作时所需要的一系列知识和技能。其核心要素侧重教师的认知能力，比如说课程改革中教师适应变化的能力、新高考背景下教师教与学方式变革等的能力。主观幸福感是指教师对自己工作生活积极或消极的情绪反应。主观幸福感实际上就是教师对自身工作是否满意、是否有成就感以及是否开心的衡量。健康幸福感包括教师身心症状以及身心症状的发生频率两个方面的内容，也就是说对教师的身体和心理健康状况的衡量和评估。社会幸福感是指教师与他人的人际关系水平评估。教学不是一项独立的工作，而是整个教育体系乃至整个社会系统的一部分。教师与他人(学生、同事、领导等)接触的频率以及相互关系的质量影响教师的职业幸福感。社会幸福感包含领导关系、同事关系、师生关系、家校关系、社会声誉，反映了教师在工作中与领导、同事、学生、家长的关系以及在社会中的地位和价值。

三、教师职业幸福感的影响因素

教师职业幸福感的概念具有复杂性、多层次性，哪些因素会影响教师的职业幸福感呢？以往研究发现有一些因素会影响教师的职业幸福感，如教师人口统计学变量、教师内部因素与外部因素等。

（一）教师人口统计学变量

以往研究发现性别、教龄、职称、岗位等都会影响教师的职业幸福感。研究发现，女教师的职业幸福感水平高于男教师，男教师的健康幸福感水平高于女教师。相比于女教师，男教师能够更好地调节情绪，身体素质优于女教师。而女教师能够更加专注工作，具有较好的自我效能感、教师胜任力等（李广，盖阔，2022）。

在教龄上，教师职业幸福感的发展态势呈 U 形波动趋势：新手教师的职业幸福感水平较高，中青年教师的职业幸福感下降，60 岁以上教师的职业幸福感水平最高。中青年教师具有多重身份与社会角色，在学校是教学与科研工作的主力军，在家庭中也是重要支柱，肩负着多方期待。这在无形中增加了中青年教师的压力（李广，盖阔，2022）。

（二）教师内部因素

教师内部因素也就是教师主观因素。目前较受关注的教师内部因素是教师心理因素和教师职业认同。

1. 教师心理因素

个人特质是预测主观幸福感的重要指标。心理学领域有一个了解人格特质的测验，叫作大五人格测试。研究者通过特定的方法发现有五种特质可以涵盖人格描述的所有方面，它们是开放性、尽责性、外倾性、神经质、宜人性。如果一位教师的想象力比较丰富，那他具有较高的开放性。如果一位教师非常善于自我管理和自我控制，那么他的尽责性往往比较高。具有外倾性的教师往往更加外向，可以通过社交获得能量。具有神经质的教师往往在生活中更加敏感，容易情绪波动。具有宜人性的教师通常比较随和，容易与他人相处，平易近人。

研究发现，主观幸福感与大五人格中的外倾性有关。外倾性得分越高，主观幸福感就越高。具有外倾性的人喜欢与他人接触，充满活力，能经常感受到积极的情绪。主观幸福感与神经质也有关系。神经质得分越高，主观幸福感越低。高神经质的个体更容易体验到诸如愤怒、焦虑、抑郁等消极的情绪。他们对外界刺激反应比一般人强烈，对情绪的调节、应对能力比较差，经常处于一种不良的情绪状态下（陈灿锐，高艳红，申荷永，2012）。有研究者发现性格优势会影响教师的职业幸福感。性格优势是指个体的认知、情绪以及行为等各个心理层面的积极人格特质。性格优势作为积极心理资源，不仅能缓冲过高的工作压力带来的生理与心理消耗，缓解职业倦怠，而且能激发个体的工作动机，进而使教师体验较高的工作满意度（齐亚静，伍新春，2018）。

心理资本是指个体在成长和发展过程中表现出来的一种积极心理状态，包含自我效能感（自信）、希望、乐观、坚韧、情绪智力等（Fred，L.，Kyle，W.L.，& Brett，C.L.，2004）。心理资本作为一种积极心理资源，影响着个体的态度和行为。有研究发现，个体的心理资本越多，个体的积极态度、行为越多，工作绩效越高；反之，个体的心理资本较少，那么更容易产生消极态度、行为等。研究发现，心理资本能直接影响教师的职业幸福感（王楠青，白文峰，姜淑梅，2021；张西超，胡婧，宋继东，等，2014）。例如，学校需要安排两位青年教师上区级公开课。张老师在接到任务后，并没有畏惧与害怕，觉得这是一个锻炼自己的好机会，并且对即将到来的公开课充满期待。她积极响应，认真准备，对待工作充满热情。而李老师觉得自己太年轻了，并没有什么经验，害怕自己做不好，所以极力推辞。其实在这个案例中，心理资本就在发挥作用。自信、乐观、希望等能帮助我们承担任务、克服困难、享受过程，最后取得结果，增加了职业幸福感。

2. 教师职业认同

教师职业认同是指教师对其职业的认识、情感、期望以及对自身职业能力的综合认识和感知，包含如何成为教师，教师应如何行动以及如何看待教师工作等要素（张宪冰，杨桐桐，张蓓蓓，2017）。职业认同为教师提供了一个建构其工作和社会地位的认知框架，在很大程度上决定了教师的教学效果、教育态度以及留任或离职等职业化发展过程。

职业认同水平较高的教师会对职业产生较积极的评价，倾向于解决问题而不是回避问题，也更容易体验到从事教师职业的幸福感。反之，职业认同水平较低的教师倾向于消极评价所从事的职业，会采取消极方式解决遇到的职业问题，往往会感受到较少的幸福感。职业认同是教师职业幸福感的重要影响因素(郅庭瑾,马云,雷秀峰,等,2014)。其他因素诸如胜任力、应对方式、工作压力等都是通过影响职业认同来影响教师职业幸福感的。

(三)教师外部因素

1. 经济收入

外部因素也会影响教师的职业幸福感。以往研究发现教师的薪酬水平会影响教师的身心健康、工作体验及其对教育的认识。研究发现,随着教师薪酬水平的提高,教师出现身心问题的比例不断下降,教师的心理焦虑水平也在下降。教师的薪酬水平越高,教师的学校工作体验也更好,满意度和幸福感不断上升。虽然教师的薪酬对教师的职业幸福感有积极影响,但这种影响是有限的。只有当生活的主要目标是满足基本生理需要时,收入才会影响人们的满意度。随着基本生理需要的满足,收入增加对主观幸福感的影响就较小了。职业幸福感与经济收入并不是简单的线性关系,因为当人们的收入增加之后,其期望标准也在不断变化。当收入达到一定水平之后,人们可能会去关注自主需要、关系需要、自我实现等内在因素(Diener, E. & Biswas-Diener, R.,2002)。

2. 工作压力

工作压力是教师职业幸福感的重要影响因素。教师的工作压力越大,教师的职业幸福感越低。当我们面对的工作压力太大时,我们的工作效率往往不会太高。工作的低效率会影响我们的幸福感体验,也会影响我们的身心健康,阻碍我们的专业发展。工作压力除了会直接影响教师的职业幸福感外,也会通过影响教师职业认同等而影响教师的职业幸福感。比如,当教师长期处于高压的环境中时,教师就会对所从事的这个职业产生怀疑,从而影响到职业幸福感。

3. 学校管理

学校管理影响着教师的工作环境。人性化的管理能营造和谐的学校环境,更有利于培养教师的职业幸福感。学校的管理制度与教师的日常工作和专业生活具有十分密切的联系。它不仅影响教师的工作方式,也直接影响教师的工作情绪及专业心态。教师参与学校管理、考核评价、进修培训等与教师专业工作密切相关的活动,与教师对学校工作的满意度有密切联系。

以人为本的民主化管理能提升教师的职业幸福感；而专制型的管理则不利于提升教师的职业幸福感。有学者研究发现，采用专制型的管理模式时，教师的参与权会不同程度地受到限制，教师的意见得不到充分尊重，教师会感到焦虑、愤怒，从而导致教师情绪低落和职业幸福感越来越低（马雪，2017）。

近年来，有研究者特别关注了学校领导者，尤其是校长的领导力对教师职业幸福感的影响。调查发现，作为学校发展的关键人物，校长的工作态度直接影响教师的工作情绪。校长勤业敬业的态度是激励教师以积极肯定的态度面对工作的重要因素。校长在学校管理中所彰显的人文精神是教师职业幸福感的重要来源。教师职业幸福感更多强调精神的满足，学校领导的精神关怀是教师职业幸福的源泉（张兆芹，庞春敏，2012）。

4. 教师评价

教师评价是指依据一定的价值标准对教师的教育教学工作进行价值判断。教师评价结果代表着他人对教师工作的认可程度，体现着教师的职业价值。教师评价目前是教师非常关注的问题。比如说评优评先、职称评定等都会影响教师的职业幸福感。有学者研究发现，科学合理的评价制度有助于教师进行自我定位，扬长补短，激发教师工作的积极性，引导教师公平竞争，为教师合作文化的形成提供空间（王恒，宋雀，王晨霞，2020）。

5. 社会支持

社会支持是教师职业幸福感的一个重要影响因素（苗元江，2002）。它大致可以分为两类：一是客观实际的支持，包括物质上的援助和直接帮助；二是主观体验的或情绪上的支持，指个体感受到的在社会中被尊重、被支持和被理解的情绪体验和满意程度。比如，教师感受到的学校或者家长给予的支持和肯定等。社会支持能够缓解教师的心理压力、消除教师的心理障碍，在促进教师的心理健康方面起着重要作用。

社会支持可以给教师提供物质或信息的帮助，增加教师的喜悦感、归属感，提高教师的自尊心、自信心。当面对不公平等情境时，社会支持还可以帮助教师阻止或缓解应激反应；安定神经内分泌系统，增加健康的行为，从而增强积极情感并抑制消极情感。在实际工作中，社会支持可以是领导的赏识。这在一定程度上意味着教师的工作成绩得到认可、获得奖励与发展的机会。社会支持也可以是家长的肯定。这是对教师辛勤劳动、教学水平和人格的肯定，对教师树立自信心和进一步发展有巨大的激励作用。这些社会反馈所承载的感激和尊重等信息有助于提高教师的职业幸福感。

随讲随练

1.【判断】教师的工资越高，教师的职业幸福感越高。（　　）

答案：错误

2.【单选】以下哪些因素是影响教师职业幸福感的内部因素？（　　）

A. 工作压力　　　　　B. 职业认同　　　　　C. 学校管理

答案：B

3.【多选】以下哪些因素会影响教师的职业幸福感？（　　）

A. 工作压力　　　　　B. 职业认同　　　　　C. 社会支持

答案：ABC

四、提升教师职业幸福感的方法

教师职业幸福感的影响因素纷繁复杂，那应该如何提高教师的职业幸福感呢？积极心理学进行了很多有益的尝试。

（一）"三件好事"练习

1. "三件好事"练习介绍

"三件好事"是塞利格曼等人基于积极心理学理论开发的心理干预模式。它的具体内容是每天晚上，在睡觉之前，写下白天发生的三件事。这可以增加幸福感和减少抑郁症状。重复使用这项技术（如数月甚至一年或更长时间的日常练习）会加强神经通路，帮助个体寻找积极方面，减少负面关注和思考。

塞利格曼提出人们应该更多关注那些生活中的好事，以克服由进化原因导致的大脑的负面偏好。事实上，我们在生活中过多关注消极事件给我们带来的消极影响，却忽视了那些潜在的好事。反思坏事是有现实必要性的，但是过多关注坏事，只会让我们更加抑郁和苦闷。从人的进化演进角度出发，人们对于好事的分析能力远不如对坏事的思考能力。因为人类祖先终日思考的都是粮食紧缺、天气寒冷、猛兽攻击等坏事，所以在人脑中就存有先天遗传的负面偏好，克服这种先天不足就要勤加练习关注好事的能力。

"三件好事"练习的目的是提高个体对生活中美好事物的发现能力和关注度，使个体对生活、工作的关注点逐渐转向积极、正向的方面，进而形成乐观、自信、坚强的态度，提升个体的生活和工作质量。

有些教师有记录生活的习惯，但这种记录可能记载的是自己今天遇到的特别的事情。有的是积极的事情，有的是消极的事情，而且他们很少对事情的发生进行合理归因。教师可以每天晚上在自己的日记本上写下当天发生在自己身上的三件好事，写出它们发生的原因。通过循序渐进的训练，教师可以发现自己每天工作和生活中意想不到的乐趣和人生价值。每天通过加强三件好事的训练，教师可以更好地提升发现工作和生活意义的能力。其实"三件好事"练习在我们的生活中的实践是很广泛的。比如，有教师在朋友圈每天分享在学校的"好事"日常。另外，基于通信平台的"三件好事"积极心理干预对人们的工作倦怠以及关注绩效都有影响，可以提高人们的主观幸福感。

2. "三件好事"练习实践

我们可以在一段时间内(鼓励坚持3个月)，在睡觉之前花10分钟写下当天发生的三件好事。我们可以用日记本、电脑或者手机写下这些事情。重要的是我们要有这些记录。具体记录哪些内容呢？

①尽可能、详细地准确写下发生的事情。具体包括自己在哪里；自己做了什么或说了什么；如果有他人参与其中，他们做了什么或说了什么。

②这个事件发生时自己有什么感受，这个事件发生以后自己有什么感受。

③解释这个事件为什么会发生。也就是自己认为什么导致了这个事件的发生。

④使用自己喜欢的写作风格，不要担心语句不够流畅，记录尽可能多的细节。

⑤如果发现自己专注于消极情绪，请尝试将注意力重新集中在好事和随之而来的积极情绪上。

在练习的时候，请注意这三件好事不一定要"惊天动地"，可以是无关紧要的，也可以是个人觉得很重要的事情；每件好事的下面都要写清楚它为什么会发生，回答这件好事为什么会发生、对自己意味着什么，如何才能让这样的好事在未来更多发生。

以下是几位教师的"三件好事"练习实践内容。

教师 1 的"三件好事"练习实践内容：

①我今天按照计划完成了任务，效率高、状态很好。

②我今天下午下班买了很多菜，没有办法按电梯按钮，热心的邻居帮我按下了按钮。

③今天回家孩子对我说了一句"妈妈辛苦了"。看到孩子兴奋地向我跑来，我觉得一天的劳累一瞬间消失了。

我们可以发现，该教师记录的都是一些生活中的小事，有细节，有感受。

教师 2 的"三件好事"练习实践内容：

①我今天上班在校门口收到了领导送的一束红色玫瑰花，这是我最喜欢的颜色。我感受到了来自单位在"三八"妇女节送出的爱意。

②今天上课，我收到了学生送我的"三八"妇女节礼物，是一封信。其写道："谢谢老师，教我做一个内心强大又有出息的女孩。"看到信的内容我很感动，也觉得自己的工作很有价值。

③今天在公交车上我主动为一位老人让座，他对我说了一声谢谢。我今天一天都觉得非常开心，充满正能量。

我们在记录三件好事的时候，应注意记录事情为什么会发生。比如，教师记录的"觉得自己的工作很有价值"，就是一种对事情原因的解释，不仅增加了职业认同感，也增强了积极情绪和幸福感。

教师 3 的"三件好事"练习实践内容：

①今天我爱人没有加班，早早地回家。一家人在一起吃了一顿火锅，暖暖活活，热热闹闹。

②今天我好好运动。今天有 5 节课，我又跟着学生跑操。虽然累点，但是

我觉得身体应好好运动一下。

③今天我回家吃到了妈妈做得香喷喷的饭菜。有妈妈在身边，感觉真好！

需要注意的是，每天所记录的三件好事并不是完全局限于记录三件，也可以记录三件以上的好事，尽量不要少于三件。

通过教师的实践练习不难发现，教师写的好事是存在于我们身边的一些容易被我们忽视的事情。当我们去记录和回味这些事情的时候，它们实实在在地给我们带来了幸福的感受。这些好事值得我们去发现、去记录。

其实在不断记录的过程中，我们会慢慢发现我们工作和生活的意义和价值。这些都可以让我们感到更幸福。

这个练习的作用其实有很多。如果我们尝试做了这个练习，就会发现在写下好事的时候，我们心里感觉很温暖。长此以往地记录，自然而然就会产生快乐、感恩等积极情绪。如果我们持续每天做这个练习，把好事写在专门的本子上积攒下来，在一个月、半年甚至更久之后回来翻看它，仔细回味这些好事的时候，我们就会发现原来自己每天有着这么多美好的事情。

"三件好事"练习是对我们的大脑和思维方式的一种训练。让我们慢慢学会换一个视角来思考问题，对同一件事找到更加正面的解释。刚开始我们有可能会一件好事都想不出来。没有关系，慢慢来，努力想一想，因为思维方式的转变不是一朝一夕的事。当我们每天做三件好事的练习，坚持一周或者更长的时间，也许我们就会发现自己的思维方式在不知不觉地转变。

（二）感恩练习

1. 感恩练习介绍

感恩是中华民族的传统美德。"滴水之恩，当涌泉相报""知恩不报非君子""投我以桃，报之以李""谁言寸草心，报得三春晖"等充满感恩情怀的佳句，至今仍广为流传，深深影响着一代又一代的中国人。

随着积极心理学思潮的兴起，感恩逐渐成为心理学研究的热点。感恩不只是一个表达谢意的行为，也是一种自我的正面情绪和可以通过练习培养的性格特征。感恩包括两个阶段：一是对美好事物的感知。在感恩的过程中，我们对生活中正面、有意义的部分给予肯定。二是认识到这些美好中的一部分源于自身以外。

从感恩的定义我们不难看出，它不仅是人与人之间社交上的表达，还是自己对生活的反思。感恩对改善人际关系、增强身心健康水平、提升幸福感、减少压力、增强乐观态度等都有积极影响。

2. 感恩练习实践：感恩沉思

感恩沉思是指引导个体对某些经历中他们感激的人、事进行反思。感恩沉思的过程比较短，往往持续几分钟。我们可以在生活中做此类练习。

接下来，请大家体验一下感恩沉思。

请大家闭上双眼，找到一个舒服的姿势坐好，双手、双腿放松。

请你回忆一件让你感动的事情或者你想对其表达感谢的人。如果你已经想到了，请你继续回忆当时的情境。那件让你感动的事情发生在什么地点？你想表达感谢的人是谁？当时在场的还有哪些人？当时发生了什么事情？他们当时在做什么？在那个情境中你听到了什么，看到了什么？你当时的感受是什么？

请你尽可能地在脑海中回想，越真实、越仔细越好（停顿30秒）。好了，请大家慢慢睁开双眼。

现在的你有什么样的感觉呢？请记录你的感觉。（　　）

感恩沉思还可以从以下几方面开展。

①你最近在工作上有什么收获？有什么人给你带来了教导？
②你最近有没有收到一些善意的话语或赞美？
③你最近有什么想做的事情或者想要实现的目标？
④你最近有没有好好照顾自己的身体和心灵？
⑤最近对你影响较大并对你付出较多的人是谁？
⑥你最喜欢谁？给你带来了什么启发？
⑦你记忆中最深刻的一件事是什么？这件事给你带来了什么启发？
⑧列出10个你所拥有的良好品质（或者你喜欢自己身上的什么特质），并对此保持感恩。
⑨回忆或想象你出生的时刻，感恩和庆祝自己来到这个世界上。

3. 感恩练习实践：感恩记录

除了感恩沉思外，我们还可以通过感恩记录来提高我们的职业幸福感。感恩记录能够让我们感受到更高的感恩水平、生活满意度和积极情感，感受到更少的消极情感以及头疼等躯体症状。

我们在生活中如何实践呢？我们可以选择每天记录1~10件感恩的事情，建议至少坚持15天。

在做感恩记录的时候，请平心静气，使大脑安静下来，认真回忆并记录；在一天快结束时，在笔记本上记录1~10件自己觉得在当天值得感恩的事情；不管事情大小，把它们记录下来，合上本子后，再次说"谢谢"。

以下是几位教师的感恩记录实践内容。

> 教师1的感恩记录实践内容：
> ①感恩舒适的天气，不冷不热。
> ②感恩16:00下班，有时间做好晚饭等家人回来一起吃。
> ③感恩晚餐烧的菜被家人吃光。
> ④感恩晚餐后剪了头发并和家人一起散步。
> 教师2的感恩记录实践内容：
> ①感恩公开课中学生优秀的表现，成就了自己精彩的一节课。
> ②感恩学校给了自己这样一个机会，让自己成长为更专业的教师。
> ③感恩办公室同事陪自己备课。

关于感恩记录，我们还可以进行30天感恩练习，将感恩记录在一个笔记本中。

> 第1天记录：你感恩什么味道。
> 第2天记录：你感恩生活中的哪项科技。
> 第3天记录：你感恩什么颜色。
> 第4天记录：你感恩什么食物。
> 第5天记录：你感恩的声音。
> 第6天记录：你感恩大自然中的什么。
> 第7天记录：感恩的回忆。
> 第8天记录：你最感恩哪本书。

第 9 天记录：哪个地方你最感恩。

第 10 天记录：你感恩什么气味。

第 11 天记录：你感恩什么节日。

第 12 天记录：你感恩什么样的织物。

第 13 天记录：你感恩什么样的能力。

第 14 天记录：你感恩什么样的景象。

第 15 天记录：你感恩什么季节。

第 16 天记录：感恩你的身体。

第 17 天记录：感恩学到的知识。

第 18 天记录：感恩艺术品。

第 19 天记录：你感恩什么样的触动。

第 20 天记录：你生命中感恩的人。

第 21 天记录：你感恩的歌曲。

第 22 天记录：你感恩的故事。

第 23 天记录：你感恩的传统。

第 24 天记录：你感恩的挑战。

第 25 天记录：本周你感恩的时刻。

第 26 天记录：你感恩什么样的表达方式。

第 27 天记录：你每天使用的感恩的小物品。

第 28 天记录：今天发生的哪件事情让你心存感恩。

第 29 天记录：你今天要感恩的朋友、家人。

第 30 天记录：感恩你的天赋或者技能。

下面展示一位教师的感恩记录实践内容。

第 1 天：感恩海棠花的气味，甜美舒服。

第 2 天：感恩现在的技术如此发达，今天的进修可以线上开展，免去了来回的奔波。

第 3 天：感恩世界上的绿色。春天到了，满眼的绿色充满了生机。

第 4 天：感恩茶叶，清香还能提神。

第 5 天：感恩孩子说的"等等我"的话语，充满童真和爱。

第 6 天：感恩大自然中有喜鹊。今天恰好看到喜鹊飞上枝头，心情很好。

第 7 天：感恩"三八"妇女节收到的学生的信。信中写道"谢谢老师，您教我做一个内心强大又有出息的女孩"。

第 8 天：感恩《爱丽丝漫游仙境》，认识到人们不能总是为他人而活。

第 9 天：感恩我的书房，每次在这里都会让我灵感迸发。

第 10 天：感恩学校食堂的炸酱甜甜、咸咸的味道。

第 11 天：感恩儿童节。孩子们很快乐，我也很快乐。这一天让我觉得我永远年轻。

第 12 天：感恩毛巾，每天给我提供干净卫生的生活。

第 13 天：感恩自己锲而不舍、越挫越勇的能力，感恩自己强大的抗压力。

30 天感恩练习在这里只是给大家提供一个可以感恩的视角。我们可以选择 30 天内每天感恩不同的事物，也可以就其中的一方面进行感恩记录。同样可以就自己发生的事情选择一个视角进行感恩。比如，从人际链接的角度，感恩和我们接触的人。不管从哪个角度，这个 30 日感恩练习只是一种载体，我们所做的目的是将积极的情绪体验激发和唤起。

本讲小结

> 教师职业幸福感是衡量教师教育生活质量和生存心理状态的重要指标。教师职业幸福感影响着教师乃至整个教育组织的发展与进步。教师职业幸福感的总体水平较高，发展态势积极，但教师职业幸福感的发展仍然面临诸多挑战。教师职业幸福感是一个复杂的综合体。在了解教师的幸福状态时需正确理解幸福感的定义，多方面把握教师职业幸福感的影响因素；从影响教师职业幸福感的因素着手，满足教师的幸福需求，改善教师的教育生活质量，帮助教师在工作和学习中提高对幸福的认知和体验能力，将幸福感融入职业。

本讲关键词

教师职业幸福感　影响因素　"三件好事"练习　感恩练习

进阶思考

教育大计，教师为本；学高为师，身正为范；国兴需尊师重教。随着时代的向前发展，培养出"好老师"就尤为重要。办好人民满意的教育，我们需要培养出越来越多的"好老师"。对于提升教师的职业幸福感，你有没有什么好的建议呢？

提升练习

1.【单选】关于教师职业幸福感的影响因素的说法不正确的有哪些？（　　）

A. 收入高低对能否获得职业幸福感有影响

B. 对教师职业的认同会影响到教师职业幸福感

C. 教师职业幸福感是个人的事，和学校管理没关系

答案：C

2.【判断】只要工作努力认真，无须与同事、家长保持良好的关系，也可以获得较高的职业幸福感。（　　）

答案：错误

3.【多选】如何提高自身的职业幸福感？（　　）

A. 把教师职业当成一项事业去追求，充满热情和活力

B. 通过一些积极心理学练习和实践

C. 积极与同事、家长进行沟通和交往，获得学校、学生、家人的支持

答案：ABC

▶▶ 主要参考文献

一、中文文献

[1]俞国良，宋振韶. 现代教师心理健康教育[M]. 北京：教育科学出版社，2008.

[2]吴思孝. 教师心理健康现状分析及调整策略[J]. 教育探索，2003(5).

[3]陈琦，刘儒德. 当代教育心理学[M]. 第3版. 北京：北京师范大学出版社，2019.

[4]张丽，傅海伦，申培轩. 中小学教师工作困扰、消极情绪与职业幸福感的相关研究——以山东省域数据调查为例[J]. 当代教育科学，2019(11).

[5]叶霞. 中小学教师工作压力与情绪耗竭关系的实证研究[D]. 成都：电子科技大学，2021.

[6]项冰. 初中教师情绪管理的现状及优化策略研究——以漳州市6所公立中学为例[D]. 漳州：闽南师范大学，2022.

[7]郝芳. 从塞利格曼的狗到习得性无助[J]. 百科知识，2018(1).

[8]郑宣福. 运用ABC理论促进中年教师专业再发展[J]. 福建教育学院学报，2018(12).

[9]翁小翠. 工作—家庭增益前因变量述评——基于人—环境匹配视角的整合研究[D]. 大连：东北财经大学，2016.

[10]Mark H. Beers. 默克诊疗手册[M]. 第十七版. 薛纯良，主译. 北京：人民卫生出版社，2002.

[11]赵朋，孟菲，毛富强. 幼儿教师心理健康调查及员工心理援助项目（EAP）干预研究[C]. 2015天津市医学会心身医学分会学术年会，2015.

[12]鲍嵘. 论教师教学实践知识及其养成——兼谈教师专业发展的基础[J]. 高等师范教育研究，2002(3).

[13]蔡群青. 学校组织气氛对中小学教师创造性教学行为的影响——兼论自我

导向学习能力的中介效应[J]．中国人民大学教育学刊，2020(1)．

[14]蔡新星．谈中小学教师的嗓音健康[J]．中国校外教育，2016(2)．

[15]曾玲娟，伍新春．国外职业倦怠研究概说[J]．沈阳师范大学学报(社会科学版)，2003(1)．

[16]陈灿锐，高艳红，申荷永．主观幸福感与大三人格特征相关研究的元分析[J]．心理科学进展，2012(1)．

[17]陈琦，刘儒德．当代教育心理学[M]．第2版．北京：北京师范大学出版社，2007．

[18]陈琦，刘儒德．教育心理学[M]．第2版．北京：高等教育出版社，2011．

[19]傅小兰，张侃．中国国民心理健康发展报告(2017～2018)[M]．北京：社会科学文献出版社，2019．

[20]邓涛，邵一笛，叶梦新，等．教师社会幸福感现状及提升策略——基于全国33590名中小学教师的调查与分析[J]．教师教育学报，2022(1)．

[21]董婷婷，张成帅，张志强，等．正念减压法对创伤后应激障碍患者干预效果的meta分析[J]．中国心理卫生杂志，2018(1)．

[22]董泽芳．论教师的角色冲突与调适[J]．湖北社会科学，2010(1)．

[23]杜娟．成都市温江区中学青年教师职业压力现状及其压力源研究[D]．成都：四川师范大学，2016．

[24]杜卫，张厚粲，朱小姝．核心自我评价概念的提出及其验证性研究[J]．心理科学，2007(5)．

[25]樊小雪，王安全．教师角色冲突的文化成因及调试[J]．当代教育科学，2014(24)．

[26]方建东，吴素梅．大学生压力后成长及其相关因素研究[C]．中国心理学会成立90周年纪念大会暨第十四届全国心理学学术会议，2011．

[27]付睿．论中小学教师减负[J]．河北师范大学学报(教育科版)，2019(2)．

[28]顾明远．教育大辞典[M]．上海：上海教育出版社，1987．

[29]胡洪强，刘丽书，陈旭远．中小学教师职业倦怠现状及影响因素的研究[J]．东北师大学报(哲学社会科学版)，2015(3)．

[30]柯文．健康的定义[J]．科学24小时，2010(3)．

[31]李春良,文萍. 农村幼儿教师心理压力解析[J]. 教育导刊(下半月),2019(8).

[32]李刚,吕立杰. PISA2021教师职业幸福感测评:框架与特点[J]. 中国考试,2020(11).

[33]李广,盖阔. 中小学教师职业幸福感调查[J]. 教育研究,2022(2).

[34]李江. 中国传统福文化研究[M]. 北京:中国轻工业出版社,2019.

[35]李军兰,于近仁. 中小学教师心理压力状况的调查与研究[J]. 教师教育研究,2003(6).

[36]李卫星. 高校教师职业自我效能感研究[D]. 重庆:西南大学,2009.

[37]李小光,唐青才. 角色压力对中学女教师职业倦怠的影响[J]. 中国健康心理学杂志,2014(11).

[38]林丹华,陈晓晨,翟冬梅. 中学团干部教师职业倦怠特点及其与社会支持和应对方式的关系[J]. 中国临床心理学杂志,2009(4).

[39]柳海民,郑星媛. 教师职业幸福感:基本构成、现实困境和提升策略[J]. 现代教育管理,2021(9).

[40]陆石彦. 论人工智能时代的教师角色再造[J]. 江苏高教,2020(6).

[41]马雪. 新型城镇化视角下农村中小学教师幸福感研究[J]. 教学与管理,2017(9).

[42]马雅菊. 中小学教师职业压力的成因与自我调适[J]. 价值工程,2011(13).

[43]毛晋平. 从所倡导的理论到所使用的理论——对教师职业培训的思考[J]. 高等师范教育研究,2003(1).

[44]孟丽丽,司继伟,徐继红. 教师职业压力研究综述[J]. 山东教育学院学报,2006(3).

[45]孟祥杰. 关注教师健康,需要对症"良方"[N]. 中国教师报,2021-04-28.

[46]苗元江. 幸福感:研究取向与未来趋势[J]. 社会科学,2002(2).

[47]宁本涛. "让合适的人做合适的事":教师工作边界模糊的产权透析[J]. 中国教师,2019(1).

[48]潘孝富,孙银莲. 中学组织气氛量表的编制[J]. 湖南师范大学教育科学学报,2002(4).

[49]齐亚静,伍新春. 工作要求—资源模型:理论和实证研究的拓展脉络[J].

北京师范大学学报(社会科学版)，2018(6).

[50]曲文静."互联网＋教育"背景下教师角色定位研究[J].北京印刷学院学报，2019(S1).

[51]阮琳燕，马永鑫，朱志勇.多重认同叠合机制：新教师专业发展角色冲突的和解路径[J].教师教育研究，2020(1).

[52]邵海艳，徐晓宁.教师压力、社会支持和职业倦怠的典型相关分析[J].沈阳师范大学学报(社会科学版)，2008(4).

[53]盛宾.教师角色冲突的成因及其应对措施[J].郑州大学学报(哲学社会科学版)，2005(2).

[54]施建锋，马剑虹.社会支持研究有关问题探讨[J].人类工效学，2003(1).

[55]宋辉，张玲.教师角色冲突的作用及危害[J].社会科学论坛，2003(7).

[56]檀传宝.教师伦理学专题——教育伦理范畴研究[M].北京：北京师范大学出版社，2010.

[57]唐芳贵，蒋莉，肖志成.国外教师职业倦怠研究述评[J].教育与职业，2005(5).

[58]田彩云.浅析中小学教师角色冲突及其调适[J].科教文汇(下旬刊)，2016(27).

[59]汪莉，王志辉.中小学教师身体健康状况及其影响因素调查[J].教育科学论坛，2015(4).

[60]王芳，许燕，中小学教师职业枯竭状况及其与社会支持的关系[J].心理学报，2004(5).

[61]王光强，白卉，曾国权.师生关系对大学生抑郁情绪的影响：链式中介效应[J].中国健康心理学杂志，2023(1).

[62]王国福.对高中教师角色冲突加剧的思考[J].名师在线，2020(33).

[63]王恒，宋萑，王晨霞.校长教学领导力对教师幸福感的影响——以教师集体效能感和自我效能感为链式中介[J].全球教育展望，2020(6).

[64]王俊明.近年来国内关于教师角色冲突的研究综述[J].教师教育研究，2005(3).

[65]王俊明.教师角色冲突的原因及缓解措施[J].中国教师，2005(12).

[66]王楠青，白文峰，姜淑梅.心理资本与教师幸福感的关系：一项元分

析[J]. 心理月刊，2021(16).

[67]王平，李建廷. 说文解字（标点整理本）[M]. 上海：上海书店出版社，2016.

[68]王琴，孙国宽. 关于新课程背景下教师角色冲突的思考[J]. 文教资料，2009(5).

[69]王庆，余衣，杨垠，等. 2010—2020年国内中小学教师心理健康状况：基于 SCL-90 分值的 Meta 分析[J]. 和田师范专科学校学报，2021(5).

[70]王正珍，徐峻华. 运动处方[M]. 第三版. 北京：高等教育出版社，2021.

[71]吴学愚. 喉科学[M]. 第二版. 上海：上海科学技术出版社，2000.

[72]伍美群，冯江平，陈虹. 中小学教师焦虑对工作倦怠的影响：教学效能感的中介效应[J]. 基础教育，2015(2).

[73]伍新春，张军. 教师职业倦怠预防[M]. 北京：中国轻工业出版社，2008.

[74]奚从清. 角色论——个人与社会的互动[M]. 杭州：浙江大学出版社，2010.

[75]谢计. 人工智能时代教师角色探析——基于社会角色扮演理论[J]. 中国德育，2020(10).

[76]谢琴红，王沁，陈娅，等. 贵州某医学院教师心理复原力分析：社会支持和应对方式的影响[J]. 遵义医学院学报，2018(4).

[77]谢正立，邓猛，李玉影，等. 融合教育教师职业压力对职业倦怠的影响：社会支持的中介作用[J]. 中国特殊教育，2021(3).

[78]徐今雅，蔡晓雨. 工作期待与家庭守望的冲突与困惑——农村女教师工作家庭关系的质性研究[J]. 浙江师范大学学报（社会科学版），2012(3).

[79]杨春慧，戴晓玉，冯江平，等. 鲁甸震后初中生创伤后成长的状况[J]. 中国健康心理学杂志，2016(8).

[80]杨梅. 教师角色冲突对职业倦怠的影响及对策[J]. 长春教育学院报，2009(4).

[81]杨敏. 近十年国内关于教师角色冲突的研究综述[J]. 科技信息，2014(11).

[82]伊玉哲. 越努力越幸福：工作投入对工作家庭增益的作用[D]. 武汉：华中师范大学，2014.

[83]易琴春. 构建良好家校关系的研究——以成都市 Z 小学为例[D]. 成都：四川师范大学，2010.

[84]袁竹. "亦师亦母"型小学女教师角色冲突叙事研究[D]. 贵阳：贵州师范大学，2021.

[85]张磊. 中学生师生关系的特点及其与学校适应的关系研究[D]. 北京：北京师范大学，2003.

[86]张素雅，田友谊. 国内教师角色冲突研究的回顾与展望（2000—2011 年）[J]. 教育科学研究，2013(7).

[87]张西超，胡婧，宋继东，等. 小学教师心理资本与主观幸福感的关系：职业压力的中介作用[J]. 心理发展与教育，2014(2).

[88]张宪冰，杨桐桐，张蓓蓓. 积极心理学视角下教师职业认同的提升策略[J]. 教育理论与实践，2017(26).

[89]张亚利，李森，俞国良. 自尊与社交焦虑的关系：基于中国学生群体的元分析[J]. 心理科学进展，2019(6).

[90]张兆芹，庞春敏. 教师职业幸福感及其提升策略[J]. 教学与管理，2012(4).

[91]郑杭生. 社会学概论新修[M]. 第二版. 北京：中国人民大学出版社，2015.

[92]郅庭瑾，马云，雷秀峰，等. 教师专业心态的当下特征及政策启示——基于上海的调查研究[J]. 教育研究，2014(2).

[93]周路路，赵曙明，战冬梅. 工作—家庭增益研究综述[J]. 外国经济与管理，2009(7).

[94]周艳，马勇. 教师重构课程的社会学分析[J]. 高等教育研究，2003(1).

[95]朱建芳. 浅谈教师嗓音病的发病原因与防治[J]. 才智，2019(28).

[96]朱雁. 中国上海教师的工作压力水平及其对工作满意度的影响——基于 TALIS 2018 数据的实证分析[J]. 全球教育展望，2020(8).

[97][日]佐藤学. 课程与教师[M]. 钟启泉，译. 北京：教育科学出版社，2003.

二、外文文献

[1]Boyle, G. J., Borg, M. G., & Falzon, J. M., et al. A Structural Model of the Dimensions of Teacher Stress[J]. British Journal of Educational Psychology, 1995(1).

[2] McMillen, J. C., Smith, E. M., & Fisher, R. H. Perceived Benefit and Mental Health after Three Types of Disaster[J]. Journal of Consulting and Clinical Psychology, 1997(5).

[3] Tedeschi, R. G. & Calhoun, L. G. The Posttraumatic Growth Inventory: Measuring the Positive Legacy of Trauma[J]. Journal of Traumatic Stress, 1996(3).

[4] Janoff-Bulman, R. Assumptive Worlds and the Stress of Traumatic Events: Applications of the Schema Construct[J]. Social Cognition, 1989(2).

[5] Taylor, S. E. & Stanton, A. L. Coping Resources, Coping Processes, and Mental Health[J]. Annual Review of Clinical Psychology, 2007(1).

[6] Cohen, S. Social Relationships and Health[J]. American Psychologist, 2004(8).

[7] Riley, L. P., LaMontagne, L. L., & Hepworth, J. T., et al. Parental Grief Responses and Personals Growth Following the Death of a Child[J]. Death Studies, 2007(4).

[8] Tedeschi, R. G. & Calhoun, L. G. Posttraumatic Growth: Conceptual Foundations and Empirical Evidence[J]. Psychological Inquiry, 2004(1).

[9] Armeli, S., Gunthert, K. C., & Cohen, L. H. Stressor Appraisals, Coping, and Post-Event Outcomes: The Dimensionality and Antecedents of Stress-Related Growth[J]. Journal of Social and Clinical Psychology, 2001(3).

[10] Park, C. L., Cohen, L. H., & Murch, R. L. Assessment and Prediction of Stress-Related Growth[J]. Journal of Personality, 1996(1).

[11] Ickovics, J. R., Meade, C. S., & Kershaw, T. S., et al. Urban teens: Trauma, Posttraumatic Growth, and Emotional Distress among Female Adolescents [J]. Journal of Consulting and Clinical Psychology, 2006(5).

[12] Taku, K., Cann, A., & Calhoun, L. G., et al. The Factor Structure of the Posttraumatic Growth Inventory: A Comparison of Five Models Using Confirmatory Factor Analysis[J]. Journal of Traumatic Stress, 2008(2).

[13] Bermejo-Toro, L, & Prieto-Ursúa, M. Teachers' Irrational Beliefs and Their Relationship to Distress in the Profession[J]. Psychology in Spain, 2006(1).

[14] Byrne, B. M. The Maslach Burnout Inventory Testing for Factorial Validity

and Invariance Across Elementary Intermediate and Secondary Teachers[J]. Journal of Occupational and Organizational Psychology, 1993(3).

[15]Demerouti, E., Bakker, A. B., & Nachreiner, F., et al. The Job Demands-resources Model of Burnout[J]. Journal of Applied Psychology, 2001(3).

[16]Maslach, C., Schaufeli, W. B., & Leiter, M. P. Job Burnout[J]. Annual Review of Psychology, 2001(1).

[17]Greenhaus J. H. & Powell G. N. When Work and Family Are Allies: A Theory of Work-Family Enrichment[J]. Academy of Management Review, 2006(1).

[18]Agyapong, B., Brett-MacLean, P., & Burback, L., et al. Interventions to Reduce Stress and Burnout among Teachers: A Scoping Review[J]. International Journal of Environmental Research and Public Health, 2023(9).

[19]Farber, B. A. Crisis in Education: Stress and Burnout in the American Teacher[M]. San Francico Jossey-Bass Inc., 1991.

[20]Beltman, S., Mansfield, C., & Price, A. Thriving Not Just Surviving: A Review of Research on Teacher Resilience[J]. Educational Research Review, 2011(3).

[21]Weatherby-Fell, N. Learning to Teach in the Secondary School[M]. Melbourne:Cambridge University Press, 2015.

[22]Mansfield, C. F. Cultivating Teacher Resilience[M]. Singapore: Springer Singapore, 2020.

[23]Bondy, E. & McKenzie, J. Resilience Building and Social Reconstructionist Teaching: A First-Year Teacher's Story[J]. The Elementary School Journal, 1999(2).

[24]Boyle, G. J., Borg, M. G., & Falzon, J. M., et al. A Structural Model of the Dimensions of Teacher Stress[J]. British Journal of Educational Psychology, 1995(1).

[25]Brunetti, G. J. Resilience under Fire: Perspectives on the Work of Experienced, Inner City High School Teachers in the United States[J]. Teaching and Teacher Education, 2006(7).

[26]Cancio, E. J., Larsen, R., & Mathur, S. R., et al. Special Education

Teacher Stress: Coping Strategies [J]. Education and Treatment of Children, 2018(4).

[27] Carver-Thomas, D. & Darling-Hammond, L. The Trouble with Teacher Turnover: How Teacher Attrition Affects Students and Schools[J]. Education Policy Analysis Archives, 2019(36).

[28] Castro, A. J., Kelly, J., & Shih, M. Resilience Strategies for New Teachers in High-Needs Areas[J]. Teaching and Teacher Education, 2010(3).

[29] Maslach, C. & Goldberg, J. Prevention of Burnout: New Perspectives[J]. Applied and Preventive Psychology, 1998(1).

[30] Cordes, C. L. & Dougherty, T. W. A Review and an Integration of Research on Job Burnout[J]. The Academy of Management Review, 1993(4).

[31] Day, C. Committed for Life? Variations in Teachers' Work, Lives and Effectiveness[J]. Journal of Educational Change, 2008(3).

[32] Diener, E. & Biswas-Diener, R. Will Money Increase Subjective Well-Being? [J]. Social Indicators Research, 2002(2).

[33] Van Droogenbroeck, F. & Spruyt, B. To Stop or Not to Stop: An Empirical Assessment of the Determinants of Early Retirement Among Active and Retired Senior Teachers[J]. Research on Aging, 2014(6).

[34] Fantilli, R. D. & McDougall, D. E. A Study of Novice Teachers: Challenges and Supports in the First Years[J]. Teaching and Teacher Education, 2009(6).

[35] Fred, L., Kyle, W. L., & Brett, C. L. Positive Psychological Capital: Beyond Human and Social Capital[J]. Business Horizons, 2004(1).

[36] Flook, L., Goldberg, S. B., & Pinger, L., et al. Mindfulness for Teachers: A Pilot Study to Assess Effects on Stress, Burnout, and Teaching Efficacy[J]. Mind Brain and Education, 2013(3).

[37] Harding, S., Morris, R., & Gunnell, D., et al. Is Teachers' Mental Health and Wellbeing Associated with Students' Mental Health and Wellbeing? [J]. Journal of Affective Disorders, 2019.

[38] Judge, T. Locke, E. & Durham, C. The Dispositional Causes of Job Satisfaction: A Core Evaluations Approach[J]. Research in Organizational Behavior, 1997(19).

[39]Kyriacou, C. & Sutcliffe, J. Teacher Stress: Prevalence, Sources, and Symptoms[J]. British Journal of Educational Psychology, 1978(2).

[40]Landau, C., Mitnik, I., & Cohen-Mansfield, J., et al. Inquiry-Based Stress Reduction(IBSR)Meditation Technique for BRCA1/2 Mutation Carriers—A Qualitative Study[J]. European Journal of Integrative Medicine, 2016(6).

[41]Leitch, R. Limitations of Language:Developing Arts-Based Creative Narrative in Stories of Teachers' Identities[J]. Teachers and Teaching, 2006(5).

[42]Mansfield, C. F., Beltman, S., & Broadley, T., et al. Building Resilience in Teacher Education:An Evidenced Informed Framework[J]. Teaching and Teacher Education, 2016(4).

[43]Mansfield, C. F., Beltman, S., & Price, A., et al. Don't Sweat the Small Stuff:Understanding Teacher Resilience at the Chalkface[J]. Teaching and Teacher Education, 2012(3).

[44]Maslach, C. & Jackson, S. E. The Measurement of Experienced Burnout[J]. Journal of Organizational Behavior, 1981(2).

[45]McKay, L. & Barton, G. Exploring How Arts-Based Reflection Can Support Teachers' Resilience and Well-Being[J]. Teaching and Teacher Education, 2018.

[46]OECD. Teacher' Well-being: A Framework for Data Collection and Analysis[EB/OL]. (2010-01-30)[2020-02-01].

[47]Oswald, M., Johnson, B., & Howard, S. Quantifying and Evaluating Resilience-Promoting Factors:Teachers' Beliefs and Perceived Roles[J]. Research in Education, 2003(1).

[48]Park, C. L., Cohen, L. H., & Murch, R. L. Assessment and Prediction of Stress-Related Growth[J]. Journal of Personality, 1996(1).

[49]Pretsch, J., Flunger, B., & Schmitt, M. Resilience Predicts Well-Being in Teachers, but Not in Non-Teaching Employees[J]. Social Psychology of Education, 2012(3).

[50]Rajendran, N., Watt, H. M. G., & Richardson, P. W. Teacher Burnout and Turnover Intent[J]. Australian Educational Researcher, 2020(3).

[51]Rhoades, L., Eisenberger, R., & Armeli, S. Affective Commitment to the Organization: The Contribution of Perceived Organizational Support[J]. Journal of Applied Psychology, 2001(5).

[52]Romano, T. Special and General Education Teachers' Perceptions of School Reform Initiatives: Relationship to Stress and Burnout[D]. Miami, Florida: Barry University, 2016.

[53]Schnaider-Levi, L., Ganz, A. B., & Zafrani, K., et al. The Effect of Inquiry-Based Stress Reduction on Teacher Burnout: A Controlled Trial[J]. Brain sciences, 2020(7).

[54]Selye, H. A. Syndrome Produced by Diverse Nocuous Agents[J]. Nature, 1936(3479).

[55]Skaalvik C. School Principal Self-Efficacy for Instructional Leadership: Relations with Engagement, Emotional Exhaustion and Motivation to Quit[J]. Social Psychology of Education, 2020(2).

[56]Skaalvik, E. M. & Skaalvik, S. Dimensions of Teacher Burnout: Relations with Potential Stressors at School[J]. Social Psychology of Education, 2017(4).

[57]Smith, T. M. & Ingersoll, R. M. What Are the Effects of Induction and Mentoring on Beginning Teacher Turnover?[J]. American Educational Research Journal, 2004(3).

[58]Stansfeld, S. A., Rasul, F. R., & Head, J., et al. Occupation and Mental Health in a National UK Survey[J]. Social Psychiatry and Psychiatric Epidemiology, 2011(2).

[59]Jackson, S. & Maslach, C. After-Effects of Job-Related Stress: Families as Victims[J]. Journal of Organizational Behavior, 1982(1).

[60]Taku, K., Cann, A., & Calhoun, L. G., et al. The Factor Structure of the Posttraumatic Growth Inventory: A Comparison of Five Models Using Confirmatory Factor Analysis[J]. Journal of Traumatic Stress, 2008(2).

[61]Urcuyo, K. R., Boyers, A., & Carver, C. S., et al. Finding Benefit in Breast Cancer: Relations with Personality, Coping, and Concurrent Well-Being[J]. Psychology & Health, 2005(2).